... Títulos relacionados

ADGD0210
CREACIÓN Y GESTIÓN DE MICROEMPRESAS

[DISPONBLE CERTIFICADO COMPLETO]

Solicítalos en:
- Librería
- www.paraninfo.es
- Solicitudes nacionales +34 914 463 350
- Solicitudes fuera de España +34 913 308 907, +34 913 308 919

Puesta en marcha y financiación de pequeños negocios o microempresas
UF1821

Enrique García Prado

Paraninfo

© 2024 Ediciones Paraninfo, S. A.

Autor: © Enrique García Prado
Diseño y maquetación: Ediciones Nobel, S. A.

ISBN: 978-84-283-6669-4
Depósito legal: M-11748-2024
Impresión: Liberdigital (Casarrubuelos, Madrid)

Impreso en España

Enrique García Prado trabaja como docente en el ámbito de la formación ocupacional y continua en cursos dirigidos a trabajadores en activo o desempleados en diversos centros formativos. Igualmente, desarrolla acciones formativas *in company* para empresas e imparte cursos, tanto presenciales como *e-learning,* del área de Administración y Gestión de Empresas (prevención de riesgos laborales, nóminas y seguros sociales, normativa laboral, creación de empresas, atención al cliente, marketing, gestión de equipos comerciales, venta *online* y fiscalidad de las pymes). Posee el certificado de profesionalidad de formador ocupacional e imparte cursos adaptados a certificados de profesionalidad.

Como autor de libros de texto, ha publicado con Paraninfo varios títulos para certificados de profesionalidad, dentro de la familia profesional de Administración y Gestión. Igualmente ha escrito manuales para cursos *online* sobre estas materias.

Licenciado en Derecho (Universidad de Oviedo), ha cursado, además, los estudios de Técnico Superior en Prevención de Riesgos Laborales, Máster Universitario en *e-learning* y Redes Sociales, Máster en Asesoría Fiscal, Experto Universitario Sociolaboral, Programa Avanzado en Dirección Empresarial, Gestión de la Organización Empresarial, Gestor Administrativo y Mediador de Seguros titulado.

Índice

Introducción normativa

La Ley Orgánica 3/2022, de 31 de marzo, de ordenación e integración de la Formación Profesional, contiene una disposición derogatoria única que afecta a la regulación de los certificados de profesionalidad, ahora denominados **Certificados Profesionales.** La referida normativa deroga la Ley Orgánica 5/2002, de 19 de junio, de las Cualificaciones y de la Formación Profesional, y abre un escenario de cambios que se irán implementando progresivamente.

La Ley Orgánica 3/2022, de 31 de marzo, de ordenación e integración de la Formación Profesional implica que toda la formación es acumulable. La oferta formativa se estructura de forma escalonada, siendo los Certificados Profesionales un nivel intermedio (Grado C) de una escala que va desde el Grado A hasta el D.

En los artículos 35 a 38 de la Ley 3/2022 se describe en qué consisten estos Certificados Profesionales: su oferta, formación asociada, estructura, duración, acceso, titulación y validez. Posteriormente, esta normativa se completa con lo dispuesto en el Real Decreto 659/2023, de 18 de julio, que desarrolla la ordenación del sistema de Formación Profesional. Concretamente en los artículos 67 a 81 es donde se hace referencia a la oferta formativa de Grado C, correspondiente a los Certificados Profesionales.

Están agrupados en 26 familias profesionales con características comunes del sector. En la actualidad hay más de medio millar de Certificados Profesionales incluidos en el Repertorio Nacional. Esta cifra no deja de crecer. Además, cada certificado está específicamente regulado por un real decreto.

Un Certificado Profesional corresponde al Grado C de la oferta del Sistema de Formación Profesional. Es un documento oficial, con validez en todo el territorio nacional y debe constar en el Catálogo Nacional de Ofertas de Formación Profesional, que certifica la capacitación para el desarrollo de una actividad profesional.

Debe detallar los módulos profesionales superados y los estándares de competencia profesional asociados a él e incluidos en el **Catálogo Nacional de Estándares de Competencias Profesionales**, así como su correspondencia con el Marco Español de Cualificaciones.

Despliegan su validez en un doble ámbito, laboral y académico:

- En el contexto laboral tienen validez profesional, porque acreditan las competencias en una determinada profesión. Para poder trabajar en algunas profesiones, se exigen determinadas cualificaciones, y los certificados sirven para acreditarlas.

- Asimismo, tienen validez académica, puesto que permiten continuar un itinerario formativo siempre que se cumplan los requisitos de acceso para cursar la titulación deseada. De tal modo que, los Certificados Profesionales que sean parte de un Grado D permitirán la matrícula modular para completar los módulos establecidos en el currículo y obtener el correspondiente título de técnico básico, técnico o técnico superior con validez en todo el territorio nacional.

Para obtener un Certificado Profesional (Grado C) es preciso cumplir con los requisitos de acceso para realizar la formación.

Estructura de los Certificados Profesionales

I. Identificación: denominación, familia y área profesional a la que pertenecen; nivel de cualificación profesional (1, 2 o 3); cualificación profesional de referencia; entorno profesional y módulos formativos que esté previsto cursar junto con la duración de cada uno de ellos.

II. Perfil profesional: incluye las competencias profesionales requeridas en el mercado laboral. En todas ellas se concretan las realizaciones profesionales y los criterios de realización.

III. Formación: describe los módulos formativos que esté previsto cursar para adquirir las competencias requeridas. En cada uno de ellos se indican las capacidades que se pretende alcanzar y la duración del módulo de prácticas no laborales —PNL—, para el que cabe solicitar exención si se cumplen determinados requisitos.

IV. Prescripciones de las personas formadoras.

V. Requisitos mínimos de espacios, instalaciones y equipamiento.

Los Certificados Profesionales se identifican con una denominación concreta y un código alfanumérico propio, y sirven para acreditar una determinada cualificación profesional. Cada certificado está asociado a una relación de unidades de competencia que, a su vez, se vinculan con una serie de módulos formativos específicos. Algunos módulos están integrados por unidades formativas y tanto unos como otras son, en ocasiones, transversales, lo que significa que se trata de contenidos incluidos en más de un Certificado Profesional.

Los Certificados Profesionales se articulan en tres niveles de competencia profesional (1, 2 y 3) conforme a lo dispuesto en el que será el Catálogo Nacional de Estándares de Competencias Profesionales, anteriormente Catálogo Nacional de Cualificaciones Profesionales (CNCP), según los criterios establecidos de conocimientos, iniciativa, autonomía y complejidad de las tareas, en cada una de las ofertas de Formación Profesional.

La oferta formativa dirigida a la obtención de los Certificados Profesionales tiene carácter modular para favorecer la acreditación parcial acumulable de la formación recibida y posibilitar así el avance en el itinerario de Formación Profesional para cualquiera que sea la situación laboral de cada persona en cada momento.

En definitiva, el Grado C constituye la oferta, parcial y acumulable, del sistema de Formación Profesional, de varios módulos profesionales del catálogo modular de Formación Profesional por razón de su significado en el mercado laboral y conducente a la obtención de un Certificado Profesional.

Las ofertas de Grado C de Formación Profesional tendrán por objeto módulos profesionales incluidos previamente en el catálogo modular de formación profesional y asociados al Catálogo Nacional de Estándares de Competencias Profesionales.

Finalidad de los Certificados Profesionales

- Contribuir a la ordenación de un Sistema de Formación Profesional al servicio de un régimen de formación y acompañamiento profesionales que sea capaz de responder con flexibilidad a los intereses, expectativas y aspiraciones de cualificación profesional de las personas a lo largo de su vida.

- Combinar escuela y empresa situando a la persona en el centro del sistema.

- Facilitar el aprendizaje permanente de toda la ciudadanía mediante una formación abierta, flexible y accesible, estructurada de forma modular, a través de la oferta formativa asociada al certificado.

- Acreditar las cualificaciones profesionales o las unidades de competencia recogidas en estas, independientemente de su vía de adquisición, bien sea través de la vía formativa, o mediante la experiencia laboral o vías no formales de formación.

- Favorecer, tanto a nivel nacional como europeo, la transparencia del mercado de trabajo.

- Contribuir a la calidad de la oferta de Formación Profesional.

Este libro

El presente libro desarrolla la Unidad Formativa denominada "Puesta en marcha y financiación de pequeños negocios o microempresas", UF1821.

Dicha unidad formativa está asociada a la Unidad de Competencia UC1791_3, forma parte del Módulo Formativo MF1791_3 "Gestión administrativa y económico-financiera de pequeños negocios o microempresas" perteneciente a la Cualificación Profesional de referencia ADG544_3, de nivel 3, incluida en el Certificado de Profesionalidad denominado "Actividades administrativas en la relación con el cliente", y ADG308_2, de nivel 2, incluida en el Certificado de Profesionalidad "Creación y gestión de microempresas", dentro de la familia profesional Administración y gestión.

Según el Real Decreto 1692/2011 de 18 de noviembre, los contenidos que en esta obra se recogen se corresponden con una duración de 60 horas.

Tanto la estructura como el desarrollo del libro se ajustan a los citados reales decretos y más concretamente a los contenidos de la Unidad Formativa que le da título "Puesta en marcha y financiación de pequeños negocios o microempresas".

Contenidos

1. Inicio de la actividad económica en pequeños negocios o microempresas
   - Trámites de constitución según la forma jurídica.
     — El Profesional Autónomo.
     — La Sociedad Unipersonal.
     — La Sociedad Civil.
     — La Comunidad de Bienes.
     — La Sociedad Limitada.
     — La Sociedad Anónima.
     — La Sociedad Limitada Laboral.
     — La Sociedad Anónima Laboral.
     — La Cooperativa.
   - La Seguridad Social:
     — Trámites según régimen aplicable.

- Organismos públicos relacionados con la constitución, puesta en marcha y modificación de las circunstancias jurídicas de pequeños negocios o microempresas.
  - Funciones de los organismos.
  - Documentación a presentar.
  - Formas de tramitación, general y específica, exigida en cada caso concreto.
  - Los plazos y formas de presentación de documentos.
  - La Ventanilla Única Empresarial.
  - Las oficinas virtuales.
- Los registros de propiedad y sus funciones.
  - Tipos de registro.
  - Documentación.
  - Tramitación.
  - Normativa aplicable.
- Los seguros de responsabilidad civil en pequeños negocios o microempresas.
  - Características y tipología de los contratos del seguro de responsabilidad civil.
  - La valoración y cobertura del riesgo.
  - Efectos de la póliza de responsabilidad civil frente a terceros.

2. **Financiación de pequeños negocios o microempresas**
   - Productos de financiación ajena para pequeños negocios.
     - Ventajas e inconvenientes.
     - Los préstamos
     - El crédito comercial.
     - El crédito bancario.
     - Operaciones de leasing.
     - El Renting.
     - El factoring (cesión de facturas).
     - El forfaiting (cesión de pagarés y letras de cambio).
     - Los descuentos comerciales bancarios.
     - Los créditos oficiales.
     - Otros.

- Otras formas de financiación de ámbito local, autonómico y nacional para pequeños negocios o microempresas.
  — Los subsidios para empresas.
  — Los programas de Ayuda.
  — Subvenciones.
  — Organismos, documentación, tramitación y plazos.

■ **Nota del Editor**

En Ediciones Paraninfo estamos comprometidos con la calidad de la formación e intentamos que nuestros materiales respondan fielmente y con rigor a las necesidades de todos cuantos confían en nuestro sello editorial.

Tratamos de dar respuesta a los currículos de las unidades formativas y de los módulos que integran los distintos Certificados Profesionales, equilibrando la parte teórica con la práctica para que los procesos de aprendizaje se conviertan en experiencias gratificantes, tanto para docentes como para las personas inmersas en los procesos formativos.

Nuestros objetivos son contribuir de forma decisiva a afianzar aprendizajes, ayudar a adquirir destrezas que tengan significado para el empleo y conseguir potenciar el desarrollo personal.

Para lograrlo contamos con excelentes autores, expertos en las materias que abordan, en la mayoría de los casos docentes de dichas especialidades con dilatada experiencia tanto profesional como académica, porque buscamos perfiles familiarizados con los contextos laborales concretos a los que se refieren nuestros manuales.

Confiamos en poder serte de ayuda y esperamos tus impresiones acerca de nuestro trabajo. Sean positivas o negativas, serán muy bien recibidas y, sin duda, nos ayudarán a seguir mejorando y trabajando con ilusión para continuar siendo un referente en formación para el empleo.

Agradecemos tu confianza en nuestros manuales. Todo nuestro equipo queda a tu total disposición. Puedes contactar con nosotros en esta dirección de correo electrónico:

info@paraninfo.es

Introducción

En esta unidad se analiza el comienzo de la actividad económica de las pequeñas empresas.

Se aborda el modo en que se constituye cada una de las formas jurídicas más empleadas por los emprendedores (profesionales, sociedades civiles o sociedades mercantiles), exponiendo los trámites que deben realizarse en cada uno de los casos ante las diversas administraciones públicas (AEAT, Seguridad Social, Comunidades Autónomas o Ayuntamientos, principalmente).

Se detallan los modos de tramitar la documentación, bien presencial o a través de Internet, haciendo especial mención a la Ventanilla Única Empresarial como lugar para realizar de forma ágil y unificada los trámites de inicio de la empresa.

El Registro de la Propiedad es un órgano que aporta seguridad jurídica a los emprendedores, con lo que se estudia el ámbito de competencias y la documentación que se maneja en él, analizando asimismo el seguro de responsabilidad civil como medio para responder a las responsabilidades derivadas del ejercicio de la actividad empresarial.

Además de la parte administrativa, el otro tema fundamental de interés para los emprendedores es el de la financiación de su actividad. En este sentido, se enumeran los productos de financiación ajena más empleados por los emprendedores (préstamos, créditos comerciales y bancarios, *leasing, renting* o descuento comercial, entre otros). Igualmente, se exponen las figuras de las subvenciones y ayudas públicas indicando las diferentes modalidades existentes y los organismos competentes para otorgarlas.

1. Inicio de la actividad económica en pequeños negocios o microempresas

Contenido

Si bien el núcleo de la empresa y de las labores desarrolladas por el emprendedor radica en las actividades económicas que desarrolla, se requiere el cumplimiento de una serie de requisitos administrativos que deberán ser realizados ante diversos organismos públicos. En la actualidad, debe hacerse referencia tanto a la tramitación por medios tradicionales como a la tramitación telemática, señalando las diferencias existentes entre las diversas opciones.

1.1. Trámites de constitución según la forma jurídica

Cada modalidad de forma jurídica por la que puede optar el emprendedor implica una distinta serie de trámites de constitución, con una mayor o menor complejidad, en ocasiones especialmente complejos, como es el caso de las empresas de economía social. En el otro extremo, el profesional autónomo representa el modelo más sencillo de constitución. Si bien habitualmente no es un criterio decisivo para optar por la forma jurídica que se va a adoptar, debe tenerse en cuenta el conjunto de trámites de constitución requeridos como uno de los aspectos que considerar a la hora de determinar la estructura jurídica que más se adapta a las necesidades concretas de los emprendedores.

Existe una serie de trámites comunes a todo tipo de forma jurídica, y que son los siguientes:

- Agencia Estatal de Administración Tributaria:

  — Obtención del número de identificación fiscal (NIF) de personas jurídicas y entidades. En el supuesto de que no sea solicitado, la AEAT podrá actuar de oficio e inscribirles en el Censo de Obligados Tributarios y asignarles el NIF.

    El NIF asignado a las personas jurídicas y entidades por la AEAT no variará con independencia de los cambios que experimenten, excepto que se modifique su forma jurídica o nacionalidad.

    El NIF asignado podrá ser acreditado por su titular mediante la exhibición de la tarjeta acreditativa que expide para su constancia la Administración tributaria y cuya autenticidad se puede verificar en la página web de la Agencia Tributaria.

  — Obtención del NIF de personas físicas: en general, el NIF de las personas físicas de nacionalidad española coincidirá con el número de su documento nacional de identidad seguido por el código de verificación, y para los que carezcan de nacionalidad española, será el número de identidad de extranjero (NIE). El Ministerio del Interior es el órgano competente para su asignación.

Los obligados tributarios habrán de incluir su NIF en todas las autoliquidaciones, declaraciones, comunicaciones o escritos que presenten ante la Administración tributaria.

— Alta en el impuesto de actividades económicas, el cual es un tributo de carácter local, que grava el ejercicio de actividades empresariales, profesionales o artísticas, se ejerzan o no en local. Habrán de presentarse tantas altas como las diversas actividades que se vayan a ejercer. Se encuentran exentos del pago de este tributo las personas físicas, así como las sociedades civiles y sociedades mercantiles que tengan un importe neto de la cifra de negocios inferior a 1 000 000 de euros, los sujetos pasivos que inicien el ejercicio de su actividad en territorio español durante los dos primeros periodos impositivos de este impuesto en que se desarrolle aquella, y los contribuyentes por el impuesto sobre la renta de no residentes que operen en España mediante establecimiento permanente siempre que tengan un importe neto de la cifra de negocios inferior a 1 000 000 de euros.

— Alta en el impuesto sobre el valor añadido: debe tenerse en cuenta que, así como el NIF es necesario para cualquier persona física o jurídica que lleve a cabo relaciones jurídicas de naturaleza tributaria, el NIF-IVA solo es preciso para desarrollar ciertas operaciones intracomunitarias.

El NIF-IVA se asignará, con algunas excepciones, a las siguientes personas o entidades:

- Los empresarios o profesionales establecidos o no en el territorio de aplicación del IVA español que realicen entregas de bienes o adquisiciones intracomunitarias de bienes sujetas al impuesto, incluso si los bienes objeto de dichas adquisiciones intracomunitarias se utilizan en la realización de actividades empresariales o profesionales en el extranjero.

- Los empresarios o profesionales que sean destinatarios de los servicios prestados por empresarios o profesionales no establecidos en el territorio peninsular español e Islas Baleares, respecto de los cuales sean sujetos pasivos del IVA (inversión del sujeto pasivo).

- Los empresarios o profesionales que presten servicios, que por aplicación de las reglas de localización de estos se entiendan prestados en otro Estado miembro distinto de España, cuando el sujeto pasivo sea el destinatario de los mismos.

- Las personas jurídicas que no actúen como empresarios o profesionales, cuando realicen adquisiciones intracomunitarias de bienes sujetas al IVA.

En función de la actividad que la empresa desarrolle, en lugar del Régimen General del IVA, corresponderá la inscripción en algún régimen especial como son los casos de recargo de equivalencia, bienes usados, objetos de arte, antigüedades y objetos de colección, agencias de viajes o servicios prestados por vía electrónica.

— Libros contables relativos al impuesto sobre el valor añadido: los empresarios y profesionales, sujetos pasivos del IVA, deberán llevar, con carácter general, los siguientes libros registros:

- Libro registro de facturas expedidas.

- Libro registro de facturas recibidas.

- Libro registro de bienes de inversión.

- Libro registro de determinadas operaciones intracomunitarias.

Los libros o registros, incluidos los de carácter informático que, en cumplimiento de sus obligaciones fiscales o contables deban llevar los sujetos pasivos, pueden ser utilizados a efectos del IVA, siempre que se ajusten a los requisitos establecidos.

- Alta como retenedores:

— El modelo 111 de autoliquidación de retenciones e ingresos a cuenta del impuesto sobre la renta de las personas físicas sobre rendimientos del trabajo y de actividades económicas, premios y determinadas ganancias patrimoniales e imputaciones de renta, deberá ser empleado por los retenedores y obligados a ingresar en cuenta, por razón de las rentas a que el mismo se refiere.

— El modelo 115 deberá ser presentado con el ingreso del importe correspondiente, por los retenedores y obligados a ingresar en cuenta que satisfagan las rentas o rendimientos sometidos a retención o ingreso en cuenta procedentes del arrendamiento o subarrendamiento de inmuebles urbanos, con determinadas excepciones.

- Tesorería General de la Seguridad Social:

— Inscripción del empresario en la Seguridad Social: la inscripción es el acto administrativo mediante el que la Tesorería General de la Seguridad Social asigna al empresario un número para su identificación y control de sus obligaciones en el respectivo Régimen del Sistema de la Seguridad Social. Dicho número es considerado como primero y principal Código de Cuenta de Cotización.

Fuente: Ministerio de Inclusión, Seguridad Social y Migraciones, https://commons.wikimedia.org/w/index.php?curid=132202372

Al Código de Cuenta de Cotización Principal se vincularán todos aquellos otros que puedan asignársele a un empresario. El empresario habrá de solicitar un Código de Cuenta de Cotización en cada una de las provincias donde desarrolle su actividad económica, así como en ciertos casos en que sea preciso identificar colectivos de trabajadores con peculiaridades de cotización.

— Afiliación e inscripción de los trabajadores en la Seguridad Social: los empresarios estarán obligados a solicitar la afiliación en el sistema de la Seguridad Social de los trabajadores que ingresen a su servicio (en el supuesto de que no lo estuviesen con anterioridad), así como a comunicar dicho ingreso y, en su caso, el cese en la empresa de tales trabajadores para que sean dados, respectivamente, de alta y de baja en el Régimen General. En el caso de que el empresario incumpla las obligaciones que le impone el apartado anterior, el trabajador podrá instar su afiliación, alta o baja, directamente al organismo competente de la Administración de la Seguridad Social. El reconocimiento del derecho al alta y a la baja en el Régimen General corresponderá al organismo de la Administración de la Seguridad Social que reglamentariamente se establezca.

— Obtención del calendario laboral: que debe exhibirse en las instalaciones de la empresa, siempre que existan trabajadores contratados, igualmente puede obtenerse en la sede electrónica de la Seguridad Social.

- Consejería de Empleo de la Comunidad Autónoma: en el caso de que se contraten trabajadores, habrá de comunicarse a este órgano la apertura del centro de trabajo (cualquier área, edificada o no, en la que los trabajadores deban permanecer o a la que deban acceder por razón de su trabajo), para que se pueda proceder al control. Constituida la sociedad o decidida por el empresario la iniciación de la actividad, se deberá proceder a la comunicación de apertura del centro de trabajo, a efectos del control de las condiciones de seguridad y salud laboral.

- Servicio Público de Empleo Estatal: el empresario debe dar de alta los contratos de trabajo de sus empleados.

- Ayuntamiento:
  - Licencia de actividades e instalaciones y obras: para comenzar el inicio del ejercicio de una actividad en un local (comercial, nave industrial, vivienda propia, oficina, cantera, etc.) es preciso obtener una licencia urbanística competencia del ayuntamiento en que el local esté ubicado.

  - Licencia de funcionamiento: asegura el cumplimiento de la normativa relativa a materias tales como medio ambiente, urbanismo y seguridad en los locales en que va a ser ejercida la actividad. Deben obtener esta licencia toda instalación para la que haya sido concedida la licencia de actividades, instalaciones y obras y, con requisitos especiales, las actividades que entren en el ámbito de aplicación del Reglamento de Actividades Molestas, Insalubres, Nocivas y Peligrosas (RAMINP), aprobado mediante el Decreto 2414/1961, así como de la Ley 34/2007, de 15 de noviembre, de Calidad del Aire y Protección de la Atmósfera o, en su caso, de la normativa autonómica aplicable.

- Inspección de Trabajo: la Autoridad Central de la Inspección de Trabajo y Seguridad Social pondrá a disposición de las empresas, de oficio y sin necesidad de solicitud de alta, un libro de visitas electrónico por cada uno de sus centros de trabajo, en el que los funcionarios actuantes, con ocasión de cada visita a los centros de trabajo o comprobación por comparecencia del sujeto inspeccionado en dependencias públicas que realicen, extenderán diligencia sobre tal actuación.

- Agencia Estatal de Protección de Datos: si la empresa va a utilizar datos de carácter personal en el desarrollo de su actividad económica, la misma se convierte en responsable de los ficheros a los que estos se encuentren incorporados.

- Oficina Española de Patentes y Marcas: se debe acudir a este organismo si se desea obtener protección legal de una marca o un nombre comercial. Si desea tener protección jurídica de su marca o nombre comercial, es necesario registrarla en la Oficina Española de Patentes y Marcas.

- Obtención de un certificado electrónico: tiene como misión validar y certificar que una firma electrónica se corresponde con una persona o entidad concreta. Se obtiene ante la correspondiente autoridad de certificación.

- Registro Mercantil Central:

  — Inscripción: las sociedades y el empresario individual naviero han de inscribirse en el Registro Mercantil, siendo dicha inscripción un acto voluntario para el resto de empresarios individuales.

  En el caso de un empresario individual, en la hoja abierta a cada empresario individual se inscribirán:

  - La identificación del empresario y su empresa, que necesariamente será la inscripción primera.

  - Los poderes generales, así como su modificación, revocación y sustitución. No será obligatoria la inscripción de los poderes generales para pleitos o de los concedidos para la realización de actos concretos.

  - La apertura, cierre y demás actos y circunstancias relativos a las sucursales.

  - Las declaraciones judiciales que modifiquen la capacidad del empresario individual.

  - El nombramiento para suplir, por causa de incapacidad o incompatibilidad, a quien ostente la guarda o representación legal del empresario individual, si su mención no figurase en la inscripción primera del mismo.

  - Las capitulaciones matrimoniales, el consentimiento, la oposición y revocación a que se refieren el Código de Comercio y las resoluciones judiciales dictadas en causa de divorcio, separación o nulidad matrimonial, o procedimientos de incapacitación del empresario individual, cuando no se hubiesen hecho constar en la inscripción primera del mismo.

  - Las resoluciones judiciales inscribibles relativas al concurso, voluntario o necesario, principal o acumulado, del empresario individual.

  - En general, los actos o contratos que modifiquen el contenido de los asientos practicados o cuya inscripción prevean las leyes o el presente reglamento.

En el caso de las sociedades, habrá de inscribirse de forma obligatoria en la hoja abierta a cada sociedad:

- La constitución de la sociedad, que necesariamente será la inscripción primera.

- La modificación del contrato y de los estatutos sociales, así como los aumentos y las reducciones del capital.

- La prórroga del plazo de duración.

- El nombramiento y cese de administradores liquidadores y auditores. Asimismo, habrá de inscribirse el nombramiento y cese de los secretarios y vicesecretarios de los órganos colegiados de administración, aunque no fueran miembros del mismo. La inscripción comprenderá tanto los miembros titulares como, en su caso, los suplentes.

- Los poderes generales y las delegaciones de facultades, así como su modificación, revocación y sustitución. No será obligatoria la inscripción de los poderes generales para pleitos o de los concedidos para la realización de actos concretos.

- La apertura, cierre y demás actos y circunstancias relativos a las sucursales en los términos previstos en los artículos 295 y siguientes.

- La transformación, fusión, escisión, rescisión parcial, disolución y liquidación de la sociedad.

- La designación de la entidad encargada de la llevanza del registro contable, en el caso de que los valores se hallen representados por medio de anotaciones en cuenta.

- Las resoluciones judiciales inscribibles relativas al concurso, voluntario o necesario, principal o acumulado, de la sociedad y las medidas administrativas de intervención.

- Las resoluciones judiciales o administrativas así establecidas.

- Los acuerdos de implicación de los trabajadores en una sociedad anónima europea, así como sus modificaciones posteriores.

- El sometimiento a supervisión de una autoridad de vigilancia.

- En general, los actos o contratos que modifiquen el contenido de los asientos practicados o cuya inscripción prevean las leyes o el presente reglamento.

— Certificación negativa del nombre: no podrá autorizarse escritura de constitución de sociedades y demás entidades inscribibles o de modificación de denominación, sin que se presente al notario la certificación que acredite que no figura registrada la denominación elegida. La denominación habrá de coincidir exactamente con la que conste en la certificación negativa expedida por el Registro Mercantil Central.

La certificación presentada deberá ser la original, estar vigente y haber sido expedida a nombre de un fundador o promotor o, en caso de modificación de la denominación, de la propia sociedad o entidad. La certificación deberá protocolizarse con la escritura matriz.

La certificación negativa tendrá una vigencia de tres meses contados desde la fecha de su expedición por el Registrador Mercantil Central. Caducada la certificación, el interesado podrá solicitar una nueva con la misma denominación. A la solicitud deberá acompañar la certificación caducada.

- Otros organismos públicos: en función de la actividad concreta a la que el empresario se dedique, pueden existir trámites adicionales que sea preciso realizar, entre los que cabe hacer referencia a las licencias en el ámbito sanitario, industrial y medioambiental, entre otros.

1.1.1. El profesional autónomo

Los trámites específicos para iniciar su actividad son los siguientes:

- Agencia Estatal de Administración Tributaria: las personas que vayan a realizar actividades u operaciones empresariales o profesionales o abonen rendimientos sujetos a retención deben solicitar, con anterioridad a su comienzo, su inscripción en el Censo de Empresarios, Profesionales y Retenedores a través de los modelos 036 o 037.

Este censo forma parte del Censo de Obligados Tributarios, en el mismo se indicará la opción que elige de tributación en el IRPF, régimen del IVA, local en que va a desarrollar su actividad, así como la fecha en que iniciará sus actividades.

- Tesorería General de la Seguridad Social:

— Inscripción del empresario: se corresponde con la afiliación en el Régimen Especial de Trabajadores Autónomos (RETA), que es el régimen que regula la cotización a la Seguridad Social de los trabajadores autónomos.

Por lo que respecta a la figura del emprendedor de responsabilidad limitada, los trámites son similares a los del profesional autónomo, con los matices siguientes, relativos a dar la debida publicidad frente a terceros de dicha limitación de responsabilidad:

— El emprendedor debe acudir a una notaría para manifestar de modo formal su voluntad de adquirir la condición de emprendedor de responsabilidad limitada. En el acta, adicionalmente, habrán de figurar:

- La actividad empresarial o profesional que se va a ejercer, con su código (CNAE).

- La identificación de cuál sea su vivienda habitual, que va a quedar excluida por tanto de la responsabilidad, y parece que, al menos, su declaración responsable de que no supera el valor máximo legal.

- El notario hará los trámites oportunos de modo que quede inscrito como emprendedor de responsabilidad limitada en el Registro Mercantil y en la inscripción de la vivienda en el Registro de la Propiedad.

- La condición de emprendedor de responsabilidad limitada se adquirirá mediante su constancia en la hoja abierta al mismo en el Registro Mercantil correspondiente a su domicilio. Además de las circunstancias ordinarias, la inscripción contendrá una indicación del activo no afecto y se practicará en la forma y con los requisitos previstos para la inscripción del empresario individual. Será título para inmatricular al emprendedor de responsabilidad limitada el acta notarial que será presentada obligatoriamente por el notario de manera telemática en el mismo día o siguiente hábil al de su autorización en el Registro Mercantil o la instancia suscrita con la firma electrónica reconocida del empresario y remitida telemáticamente a dicho registro.

- El emprendedor inscrito deberá hacer constar en toda su documentación, con expresión de los datos registrales, su condición de «Emprendedor de Responsabilidad Limitada» o mediante la adición a su nombre, apellidos y datos de identificación fiscal de las siglas «ERL».

- Salvo que los acreedores prestaren su consentimiento expresamente, subsistirá la responsabilidad universal del deudor por las deudas contraídas con anterioridad a su inmatriculación en el Registro Mercantil como emprendedor individual de responsabilidad limitada.

- El Colegio de Registradores, bajo la supervisión del Ministerio de Justicia, mantendrá un portal público de libre acceso en el que se divulgarán sin coste para el usuario los datos relativos a los emprendedores de responsabilidad limitada inmatriculados.

1.1.2. La sociedad unipersonal

La sociedad unipersonal de responsabilidad limitada o anónima, creada por el Real Decreto Legislativo 1/2010, de 2 de julio, por el que se aprueba el texto refundido de la Ley de Sociedades de Capital, se caracteriza por estar constituida por un único socio, sea persona natural o jurídica, o la constituida por dos o más socios cuando todas las participaciones o las acciones hayan pasado a ser propiedad de un único socio. Se consideran propiedad del único socio las participaciones sociales o las acciones que pertenezcan a la sociedad unipersonal.

Los trámites de constitución son similares a los propios de una sociedad de responsabilidad limitada y, respecto de la constitución de una sociedad unipersonal, la declaración de tal situación como consecuencia de haber pasado un único socio a ser propietario de todas las participaciones sociales o de todas las acciones, la pérdida de tal situación o el cambio del socio único como consecuencia de haberse transmitido alguna o todas las participaciones o todas las acciones, se harán constar en escritura pública que se inscribirá en el Registro Mercantil. En la inscripción se expresará necesariamente la identidad del socio único.

En tanto subsista la situación de unipersonalidad, la sociedad hará constar expresamente su condición de unipersonal en toda su documentación, correspondencia, notas de pedido y facturas, así como en todos los anuncios que haya de publicar por disposición legal o estatutaria.

1.1.3. La sociedad civil

Los trámites específicos son los siguientes:

- Redacción de un contrato de sociedad civil: se requiere que los emprendedores que la fundan redacten un contrato privado. No existe ninguna versión oficial de dicho contrato. A continuación se muestra un modelo propuesto, que los emprendedores que decidan crear una sociedad civil deberán adaptar a sus circunstancias particulares.

En el caso de que se aporten a la sociedad bienes inmuebles o derechos reales, se debe acudir a una notaría a elevar el contrato privado a escritura pública.

Modelo de contrato privado de constitución de una SOCIEDAD CIVIL

En (ciudad), *a* (día) *de* (mes) *de* (año)

REUNIDOS

De una parte, D./Dª. ...., mayor de edad, con estado civil ...., profesión ...., con domicilio en ...., calle ...., n. º .... y DNI ....

Y de otra, D./Dª. ...., mayor de edad, con estado civil ...., profesión ...., con domicilio en ...., calle ...., n. º .... y DNI ....

Intervienen ambas partes en su propio nombre y derecho, reconociéndose mutua capacidad de obrar y obligarse, y a tal efecto

EXPONEN

Que libre y espontáneamente, los comparecientes acuerdan otorgar y formalizar el presente contrato de constitución de SOCIEDAD CIVIL PARTICULAR, que se regirá por las siguientes

CLÁUSULAS

1.ª *En este acto los intervinientes, D./Dª. ....
   y D./Dª. ...., constituyen una
   sociedad civil particular, que regula su funcionamiento en lo no previsto en este contrato, por lo estipulado en los Arts. 1665 y siguientes del Código Civil y demás normas legales que sean aplicables.*

2.ª *La sociedad actuará mercantilmente bajo la denominación de
   .... SOCIEDAD CIVIL.*

3.ª El domicilio social de la Sociedad Civil se encontrará en la ciudad
de ...., número ....

4.ª Su objeto social será ....

5.ª Los socios aportan cada uno:

D./Dª. .... socio/a (trabajador/capitalista),
aportará .... euros, en metálico.

D./Dª. .... socio/a (trabajador/capitalista)
aportará .... euros, en especie.

D./Dª. .... socio/a (trabajador/capitalista)
aportará .... (bien que se aportará, tras ser peritado,
previo peritaje del mismo) valorado en .... euros.

Adicionalmente, los socios se comprometen a hacer posteriores
aportaciones en caso necesario y en proporción a su participación
en la sociedad.

6.ª Quedan facultados de forma expresa D./Dª. ....
.... y D./Dª. .... para que,
en el ámbito de las actividades económicas desarrolladas por la So-
ciedad, ejecuten los actos de administración, gerencia y representación que consideren necesarios para la consecución de los objetivos
propios de la Sociedad.

7.ª La representación de la empresa en los procedimientos judiciales y
extrajudiciales corresponde en exclusividad a D./Dª. ....
....

8.ª La duración de la presente Sociedad será ilimitada, y el fallecimiento de alguno de los socios no será considerado causa de disolución
de la Sociedad, por lo que sus herederos continuarán en la Sociedad
con idénticos derechos que el causante, percibiendo el saldo que hubiese en el momento de su fallecimiento a favor del occiso. En cualquier caso, en el plazo de seis meses tras el fallecimiento, podrán
separarse, de acuerdo a la valoración del patrimonio social a la fecha del fallecimiento.

9.ª Respecto a los derechos y obligaciones de los socios, serán distribuidos proporcionalmente a la participación en el haber social, tanto respecto al reparto de beneficios o de pérdidas como al porcentaje
de voto en las Juntas que se celebren.

10.ª Si la Sociedad fuese disuelta, el patrimonio de la misma será distribuido de este modo: ....

11.ª La disolución de la Sociedad no podrá ser instada por ningún socio de forma individual.

12.ª Cualquiera de los contratantes tiene derecho a elevar a escritura pública el presente documento, siendo de su cuenta los gastos que con tal motivo se produzcan.

13.ª Para todas las cuestiones derivadas de la interpretación y aplicación del presente contrato, y en especial de las desavenencias que pudieran surgir entre los socios, con ocasión de la liquidación de la sociedad, serán resueltas por árbitros de equidad, de conformidad con la Ley.

Y en prueba de conformidad y aceptación, firman el presente por (duplicado, triplicado, etc.) en el lugar y fecha al principio indicados.

Fdo.: ....   Fdo.: ....
Nombre   Nombre

- Agencia Estatal de Administración Tributaria:
  — Solicitud del número de identificación fiscal (NIF) provisional: tras la suscripción por parte de los socios del contrato de sociedad civil, se solicitará en la AEAT un NIF provisional, cuya validez alcanza hasta la emisión del NIF definitivo.
  — Solicitud del número de identificación fiscal definitivo: tras haberse inscrito la sociedad civil en el Registro de Sociedades Civiles de la Comunidad Autónoma, se procede a solicitar el definitivo.
  — Alta en el impuesto sobre actividades económicas: el alta en IAE de la sociedad implica el alta de cada uno de los socios de forma individual en cuanto son miembros de una entidad en atribución de rentas. Las ventas de productos y las prestaciones de servicios serán facturados a nombre de la sociedad, sin embargo, el rendimiento será declarado por los socios. La sociedad declarará trimestralmente el impuesto sobre el valor añadido y cada uno de los socios habrá de presentar pagos a cuenta del impuesto sobre la renta de las personas físicas, siéndoles atribuido el rendimiento que se haya logrado en forma proporcional a la participación que tengan en la sociedad civil.

- Comunidad Autónoma:

  — Inscripción de la sociedad en el Registro de Sociedades Civiles de la Comunidad Autónoma en que se encuentre su sede social.

  — Consejería de Hacienda: liquidación del impuesto sobre actos jurídicos documentados. El impuesto recae sobre el adquiriente del bien o derecho y, en su defecto, sobre las personas que insten o soliciten los documentos notariales o aquellos en cuyo interés se expidan. El tributo se satisfará mediante cuotas variables o fijas, atendiendo a que el documento que se formalice, otorgue o expida, tenga o no por objeto cantidad o cosa valuable en algún momento de su vigencia.

1.1.4. La comunidad de bienes

Se ha de redactar un contrato privado entre las partes que forman parte de la comunidad de bienes, denominados comuneros, en el que, entre otros aspectos, se expone el tipo de aportaciones que realizan los comuneros, así como el porcentaje que a cada uno de los mismos corresponderá en la distribución de las pérdidas y ganancias generadas por la comunidad.

No existiendo un modelo oficial que seguir por parte de los fundadores de la comunidad, corresponderá a los mismos redactarlo de forma que queden reflejados todos los extremos que se estimen necesarios.

Modelo de contrato privado de constitución de una COMUNIDAD DE BIENES

En (ciudad), a (día) de (mes) de (año)

REUNIDOS

De una parte, D./Dª. ...., mayor de edad, con estado civil ...., profesión ...., con domicilio en ...., calle ...., n.º .... y DNI ....

Y de otra, D./Dª. ...., mayor de edad, con estado civil ...., profesión ...., con domicilio en ...., calle ...., n.º .... y DNI ....

Intervienen ambas partes en su propio nombre y derecho, reconociéndose mutua capacidad de obrar y obligarse, y a tal efecto

EXPONEN

Que libre y espontáneamente, los comparecientes acuerdan otorgar y formalizar el presente contrato de constitución de COMUNIDAD DE BIENES, que se regirá por las siguientes

CLÁUSULAS

1.ª *En este acto los intervinientes, D./Dª ....*
y D./Dª ...., constituyen una sociedad civil particular, que regula su funcionamiento en lo no previsto en este contrato, por lo estipulado en los Arts. 392 y siguientes del Código Civil y demás normas legales que sean aplicables.

2.ª *La sociedad actuará mercantilmente bajo la denominación de .... COMUNIDAD DE BIENES.*

3.ª *El domicilio social de la Comunidad de Bienes se encontrará en la ciudad de ...., número..............*

4.ª *Su objeto social será ....*

5.ª *Los socios aportan cada uno:*

D./Dª. .... aportará .... euros, en..............................

D./Dª. .... aportará .... euros, en ....

6.ª *Cada comunero podrá utilizar las cosas comunes, siempre que las emplee de acuerdo a su destino y de forma que no perjudique el interés de la comunidad, ni impida a los comuneros utilizarlas según su derecho.*

Ninguno de los comuneros podrá, sin el previo consentimiento de los demás, llevar a cabo alteraciones en la cosa común, aunque de ellas pudieran derivarse ventajas para los demás.

7.ª *La adopción de acuerdos referentes a la enajenación de bienes inmuebles de la comunidad habrá de tomarse por acuerdo unánime de los comuneros. La adopción de acuerdos relativos a la* administración de la comunidad habrá de tomarse por mayoría de los partícipes. Se considerará que existe mayoría cuando el acuerdo sea adoptado por los comuneros que representen la mayoría de los intereses que integran el objeto social de la comunidad.

Si no se alcanzase un acuerdo por mayoría, o el acuerdo de la misma resultase gravemente perjudicial a los interesados en la cosa común, el Juez proveerá, a instancia de parte, lo que corresponda, incluso, en su caso, nombrando un administrador.

8.ª Se establece como duración del presente contrato un plazo de .... años, transcurridos los cuales se entenderá prorrogado por el mismo periodo si las partes no manifiestan su intención de rescindir el contrato.

9.ª La comunidad se extinguirá por decisión de cualquiera de los comuneros, en cualquier tiempo. No obstante lo dispuesto en el párrafo anterior, los copropietarios no podrán exigir la división de la cosa común cuando de hacerla resulte inservible para el uso al que se destina.

10.ª Se efectuará, en su caso, por un árbitro de equidad nombrado por acuerdo mayoritario de los copartícipes.

El árbitro así nombrado deberá formar partes proporcionales al derecho de cada uno, evitando en cuanto fuere posible los suplementos en metálico.

Cuando la cosa se considere esencialmente indivisible y los comuneros no convengan en que se adjudique a uno de ellos indemnizando a los demás, se venderá y repartirá su precio.

11.ª El fallecimiento de alguno de los comuneros no será considerado causa de disolución de la Comunidad de Bienes, por lo que sus herederos continuarán en la misma con idénticos derechos que el causante, percibiendo el saldo que hubiese en el momento de su fallecimiento a favor del occiso. En cualquier caso, en el plazo de seis meses tras el fallecimiento, podrán separarse, de acuerdo a la valoración del patrimonio social a la fecha del fallecimiento.

12.ª Cualquiera de los contratantes tiene derecho a elevar a escritura pública el presente documento, siendo de su cuenta los gastos que con tal motivo se produzcan.

13.ª Para todas las cuestiones derivadas de la interpretación y aplicación del presente contrato, y en especial de las desavenencias que

> *pudieran surgir entre los socios, con ocasión de la liquidación de la sociedad, serán resueltas por árbitros de equidad, de conformidad con la Ley.*
>
> *Y en prueba de conformidad y aceptación firman el presente por (duplicado, triplicado, etc.) en el lugar y fecha al principio indicados.*
>
> *Fdo.:* ....
>
> *Nombre*
>
> *Fdo.:* ....
>
> *Nombre*

- Agencia Estatal de Administración Tributaria:

  — Solicitud del número de identificación fiscal (NIF) provisional: tras la suscripción por parte de los comuneros del contrato de comunidad de bienes, se solicitará en la AEAT un NIF provisional, cuya validez alcanza hasta la emisión del NIF definitivo.

  — Solicitud del número de identificación fiscal definitivo: tras haberse inscrito la sociedad civil en el Registro de Sociedades Civiles de la Comunidad Autónoma, procede a solicitar el definitivo.

  — Alta en el impuesto sobre actividades económicas: el alta en IAE de la comunidad de bienes implica el alta de cada uno de los comuneros de forma individual en cuanto son miembros de una entidad en atribución de rentas. Las ventas de productos y las prestaciones de servicios serán facturados a nombre de la sociedad, sin embargo, el rendimiento será declarado por los socios. La sociedad declarará trimestralmente el impuesto sobre el valor añadido y cada uno de los socios habrá de presentar pagos a cuenta del impuesto sobre la renta de las personas físicas, siéndoles atribuido el rendimiento que se haya logrado en forma proporcional a la participación que tengan en la comunidad de bienes.

- Comunidad Autónoma:

  — Consejería de Hacienda: liquidación del impuesto sobre actos jurídicos documentados en el supuesto de que el contrato se eleve a escritura pública. El impuesto recae sobre el adquiriente del bien o derecho y, en su defecto, sobre las personas que insten o soliciten los documentos notariales, o aquellos en cuyo interés se expidan. El tributo se satisfará mediante cuotas variables o fijas, atendiendo a que el documento que se formalice, otorgue o expida, tenga o no por objeto cantidad o cosa valuable en algún momento de su vigencia.

1.1.5. La sociedad limitada

Notaría: otorgamiento de escritura pública por parte de los socios fundadores.

- La escritura tendrá el siguiente contenido:

  — La identidad del socio o socios.

  — La voluntad de constituir una sociedad de capital, con elección de un tipo social determinado.

  — Las aportaciones que cada socio realice o, en el caso de las anónimas, se haya obligado a realizar, y la numeración de las participaciones o de las acciones atribuidas a cambio.

  — La identidad de la persona o personas que se encarguen inicialmente de la administración y de la representación de la sociedad.

  — La escritura de constitución determinará el modo concreto en que inicialmente se organice la administración, si los estatutos prevén diferentes alternativas.

  — Los estatutos, que han de regir el funcionamiento de la sociedad de capital, deben mencionar de forma expresa:

    - La denominación de la sociedad.

    - El objeto social, determinando las actividades que lo integran.

    - El domicilio social.

    - El capital social, las participaciones o las acciones en que se divida, su valor nominal y su numeración correlativa. El capital de la sociedad de responsabilidad limitada no podrá ser inferior a un euro y se expresará precisamente en esa moneda.

La sociedad limitada es una figura muy frecuente en la realidad económica.

Mientras el capital de las sociedades de responsabilidad limitada no alcance la cifra de tres mil euros, se aplicarán las siguientes reglas:

✓ Deberá destinarse a la reserva legal una cifra al menos igual al 20 por ciento del beneficio hasta que dicha reserva junto con el capital social alcance el importe de tres mil euros.

✓ En caso de liquidación, voluntaria o forzosa, si el patrimonio de la sociedad fuera insuficiente para atender el pago de las obligaciones sociales, los socios responderán solidariamente de la diferencia entre el importe de tres mil euros y la cifra del capital suscrito.

- Número de participaciones en que se divida el capital social, el valor nominal de las mismas, su numeración correlativa y, si fueran desiguales, los derechos que cada una atribuya a los socios y la cuantía o la extensión de estos.

- El modo o modos de organizar la administración de la sociedad, el número de administradores o, al menos, el número máximo y el mínimo, así como el plazo de duración del cargo y el sistema de retribución, si la tuvieren.

- El modo de deliberar y adoptar sus acuerdos los órganos colegiados de la sociedad.

1.1.6. La sociedad anónima

Las diferencias de los trámites de constitución respecto a las sociedades limitadas se encuentran en el contenido de la escritura pública y los estatutos de la sociedad.

Notaría: otorgamiento de escritura pública por parte de los socios fundadores.

- La escritura tendrá el siguiente contenido:

— La identidad del socio o socios.

— La voluntad de constituir una sociedad de capital, con elección de un tipo social determinado.

— Las aportaciones que cada socio realice o, en el caso de las anónimas, se haya obligado a realizar, y la numeración de las participaciones o de las acciones atribuidas a cambio.

— La identidad de la persona o personas que se encarguen inicialmente de la administración y de la representación de la sociedad.

— La cuantía total, al menos aproximada, de los gastos de constitución, tanto de los ya satisfechos como de los meramente previstos hasta la inscripción.

— Los estatutos, que han de regir el funcionamiento de la sociedad de capital, deben mencionar de forma expresa:

- La denominación de la sociedad.

- El objeto social, determinando las actividades que lo integran.

- El domicilio social.

- El capital social, las participaciones o las acciones en que se divida, su valor nominal y su numeración correlativa.

- Las clases de acciones y las series, en caso de que existieran; la parte del valor nominal pendiente de desembolso, así como la forma y el plazo máximo en que satisfacerlo, y si las acciones están representadas por medio de títulos o por medio de anotaciones en cuenta. En caso de que se representen por medio de títulos, deberá indicarse si son las acciones nominativas o al portador y si se prevé la emisión de títulos múltiples.

- El modo o modos de organizar la administración de la sociedad, el número de administradores o, al menos, el número máximo y el mínimo, así como el plazo de duración del cargo y el sistema de retribución, si la tuvieren.

- El modo de deliberar y adoptar sus acuerdos los órganos colegiados de la sociedad.

1.1.7. La sociedad limitada laboral

Respecto a la sociedad limitada laboral y la sociedad anónima laboral, se exponen a continuación las peculiaridades correspondientes a dichas formas jurídicas:

Aspectos comunes a las sociedades laborales:

Las sociedades laborales son aquellas sociedades anónimas o de responsabilidad limitada que se someten a los preceptos establecidos legalmente.

Podrán obtener la calificación de «Sociedad Laboral» las sociedades anónimas o de responsabilidad limitada que cumplan los siguientes requisitos:

a) Que al menos la mayoría del capital social sea propiedad de trabajadores que presten en ellas servicios retribuidos de forma personal y directa, en virtud de una relación laboral por tiempo indefinido.

b) Que ninguno de los socios sea titular de acciones o participaciones sociales que representen más de la tercera parte del capital social, salvo que:

La sociedad laboral se constituya inicialmente por dos socios trabajadores con contrato por tiempo indefinido, en la que tanto el capital social como los derechos de voto estarán distribuidos al cincuenta por ciento, con la obligación de que en el plazo máximo de treinta y seis meses se ajusten al límite establecido en este apartado.

Se trate de socios que sean entidades públicas, de participación mayoritariamente pública, entidades no lucrativas o de la economía social, en cuyo caso la participación podrá superar dicho límite, sin alcanzar el cincuenta por ciento del capital social.

En los supuestos de transgresión sobrevenida de los límites que se indican en los apartados a) y b) del presente apartado, la sociedad estará obligada a acomodar a la ley la situación de sus socios, en el plazo de dieciocho meses a contar desde el primer incumplimiento.

c) Que el número de horas-año trabajadas por los trabajadores contratados por tiempo indefinido que no sean socios no sea superior al cuarenta y nueve por ciento del cómputo global de horas-año trabajadas en la sociedad laboral por el conjunto de los socios trabajadores. No computará para el cálculo de este límite el trabajo realizado por los trabajadores con discapacidad de cualquier clase en grado igual o superior al treinta y tres por ciento.

Si fueran superados los límites previstos en este apartado, la sociedad deberá alcanzarlos, de nuevo, en el plazo máximo de doce meses. El órgano del que dependa el Registro de Sociedades Laborales podrá conceder hasta dos prórrogas, por un plazo máximo de doce meses cada una, siempre que se acredite en cada solicitud de prórroga que se ha avanzado en el proceso de adaptación a los límites previstos. El plazo de adaptación en los casos de subrogación legal o convencional de trabajadores será de treinta y seis meses, pudiendo solicitarse igualmente las prórrogas previstas en este apartado.

La superación de límites y las circunstancias que originen dicha situación, así como su adaptación posterior a la ley, deberán ser comunicadas al Registro de Sociedades Laborales, en el plazo de un mes desde que se produzcan.

Competencia administrativa

Corresponde al Ministerio de Empleo y Seguridad Social o, en su caso, a los órganos competentes de las comunidades autónomas que hayan recibido los correspondientes traspasos de funciones y servicios en materia de calificación y registro de sociedades laborales, el otorgamiento de la calificación de «Sociedad Laboral», así como el control del cumplimiento de los requisitos establecidos legalmente y, en su caso, la facultad de resolver sobre la descalificación. La calificación otorgada por una autoridad competente tendrá plena eficacia en todo el territorio nacional, sin necesidad de que la sociedad realice ningún trámite adicional o cumpla nuevos requisitos.

A tal efecto, se llevarán a cabo actuaciones de armonización, colaboración e información entre el Registro del Ministerio de Empleo y Seguridad Social, el Registro Mercantil y los registros de las comunidades autónomas. En particular, el Registro del Ministerio de Empleo y Seguridad Social, sin menoscabo de las competencias de las comunidades autónomas, integrará en una base de datos común la información que obre en los distintos registros de las comunidades autónomas que sea necesaria para el ejercicio de las competencias atribuidas en materia de supervisión y control a las autoridades competentes.

La calificación de «Sociedad Laboral» se otorgará previa solicitud de la sociedad, a la que acompañará la documentación que se determine reglamentariamente.

En todo caso, las sociedades de nueva constitución aportarán copia autorizada de la correspondiente escritura, en la que conste expresamente la voluntad de los otorgantes de fundar una sociedad laboral.

Si la sociedad es preexistente, deberá aportar certificación literal del Registro Mercantil sobre los asientos vigentes relativos a la misma, copia autorizada de la escritura de elevación a público de los acuerdos de la junta general favorables a la calificación de sociedad laboral y a la modificación de los artículos de sus estatutos para adaptarlos a lo previsto en esta ley, así como del libro registro de acciones nominativas o del libro registro de socios que refleje la titularidad de las acciones o participaciones.

Los trámites necesarios para la calificación e inscripción de una sociedad como sociedad laboral podrán realizarse a través de los medios electrónicos, informáticos y telemáticos que se habiliten al efecto.

Denominación social

En la denominación de la sociedad deberá figurar la indicación «Sociedad Anónima Laboral», «Sociedad de Responsabilidad Limitada Laboral» o «Sociedad Limitada Laboral», o sus abreviaturas SAL, SRLL o SLL, según proceda.

El adjetivo «laboral» no podrá ser incluido en la denominación por sociedades que no tengan la calificación de «Sociedad Laboral».

La denominación de «laboral» se hará constar en toda su documentación, correspondencia, notas de pedido y facturas, así como en todos los anuncios que haya de publicar por disposición legal o estatutaria.

1.1.8. La sociedad anónima laboral

Los trámites de constitución son similares a los de la sociedad limitada laboral con los matices señalados en el correspondiente epígrafe.

1.1.9. La cooperativa

Los trámites específicos son los siguientes:

- Registro de Sociedades Cooperativas del Ministerio de Trabajo (o de las comunidades autónomas):

  — Solicitud de certificación negativa de denominación: se solicitan las certificaciones sobre la existencia o no de entidades inscritas con idéntica denominación que otra que se pretenda constituir. La denominación habrá de incluir necesariamente las palabras «Sociedad Cooperativa» o la abreviatura «S. Coop.». Tras la expedición del correspondiente certificado, la denominación queda reservada a favor del solicitante durante un periodo de seis meses, que puede ser ampliado por otros dos meses si la sociedad ha iniciado el periodo de constitución.

  — Redacción de los estatutos sociales: en los estatutos se hará constar, al menos:

    - La denominación de la sociedad.

    - Objeto social.

    - El domicilio.

    - El ámbito territorial de actuación.

    - La duración de la sociedad.

- El capital social mínimo.

- La aportación obligatoria mínima al capital social para ser socio, forma y plazos de desembolso y los criterios para fijar la aportación obligatoria que habrán de efectuar los nuevos socios que se incorporen a la cooperativa.

- La forma de acreditar las aportaciones al capital social.

- Devengo o no de intereses por las aportaciones obligatorias al capital social.

- Las clases de socios, requisitos para su admisión y baja voluntaria u obligatoria y régimen aplicable.

- Derechos y deberes de los socios.

- Derecho de reembolso de las aportaciones de los socios, así como el régimen de transmisión de las mismas.

- Normas de disciplina social, tipificación de las faltas y sanciones, procedimiento sancionador, y pérdida de la condición de socio.

- Composición del Consejo Rector, número de consejeros y periodo de duración en el respectivo cargo. Asimismo, determinación del número y periodo de actuación de los interventores y, en su caso, de los miembros del Comité de Recursos.

- Requisitos específicos adicionales para cada clase concreta de cooperativa.

Se incluirán también las exigencias impuestas por esta ley para la clase de cooperativas de que se trate.

— Tras haber sido redactados los estatutos de la cooperativa, con carácter previo a su elevación a escritura pública, los promotores pueden solicitar del Registro de Sociedades Cooperativas correspondiente su calificación previa para acreditar que se ajusten a lo dispuesto en la legislación de aplicación, para lo que junto con la correspondiente solicitud habrá de aportarse por duplicado el texto íntegro del proyecto de los estatutos.

— Solicitud de inscripción de la sociedad en el Registro de Sociedades Cooperativas: puede llevarse a cabo por parte de todos los promotores, el presidente y el secretario del órgano de gobierno de la sociedad, o quienes hayan sido designados al efecto en la escritura pública de constitución. Junto con la solicitud, habrá de presentarse una copia autorizada y una copia simple de la citada escritura pública, así como el justificante del impuesto de transmisiones patrimoniales y actos jurídicos documentados.

El plazo máximo es de un mes a contar desde el otorgamiento de la escritura pública. En el caso de que transcurran más de seis meses, deberá acompañarse un instrumento público de ratificación de la citada escritura de constitución.

- Consejería de Hacienda de la Comunidad Autónoma: impuesto sobre transmisiones patrimoniales y actos jurídicos documentados, exención, por cualquiera de los conceptos que puedan ser de aplicación, respecto de los actos, contratos y operaciones siguientes:

  — Los actos de constitución, ampliación de capital, fusión y escisión.

  — La constitución y cancelación de préstamos, incluso los representados por obligaciones.

  — Las adquisiciones de bienes y derechos que se integren en el Fondo de Educación y Promoción para el cumplimiento de sus fines.

- Notaría: acto mediante el que los socios que han fundado la cooperativa llevan a cabo la firma de la escritura mediante la que se constituye la empresa. En la que se expresará:

  — La identidad de los otorgantes.

  — Manifestación de estos de que reúnen los requisitos necesarios para ser socios.

  — La voluntad de constituir una sociedad cooperativa y clase de que se trate.

  — Acreditación por los otorgantes de haber suscrito la aportación obligatoria mínima al capital social para ser socio y de haberla desembolsado, al menos, en la proporción exigida estatutariamente.

  — Si las hubiere, valor asignado a las aportaciones no dinerarias, haciendo constar sus datos registrales si existieren, con detalle de las realizadas por los distintos promotores.

  — Acreditación de los otorgantes de que el importe total de las aportaciones desembolsadas no es inferior al del capital social mínimo establecido estatutariamente.

  — Identificación de las personas que, una vez inscrita la sociedad, han de ocupar los distintos cargos del primer consejo rector, el de interventor o interventores y declaración de que no están incursos en causa de incapacidad o prohibición alguna para desempeñarlos establecida en esta u otra ley.

— Declaración de que no existe otra entidad con idéntica denominación, a cuyo efecto se presentará al notario la oportuna certificación acreditativa expedida por el Registro de Sociedades Cooperativas.

— Los estatutos.

— En la escritura se podrán incluir todos los pactos y condiciones que los promotores juzguen conveniente establecer, siempre que no se opongan a las leyes ni contradigan los principios configuradores de la sociedad cooperativa.

Las personas que hayan sido designadas al efecto en la escritura de constitución deberán solicitar, en el plazo de un mes desde su otorgamiento, la inscripción de la sociedad en el Registro de Sociedades Cooperativas. Si la solicitud se produce transcurridos seis meses, será preciso acompañar la ratificación de la escritura de constitución también en documento público, cuya fecha no podrá ser anterior a un mes de dicha solicitud.

Transcurridos doce meses desde el otorgamiento de la escritura de constitución sin que se haya inscrito la sociedad, el registro podrá denegar la inscripción con carácter definitivo.

1.2. La Seguridad Social

Uno de las principales conjuntos de trámites administrativos que corresponde realizar a un emprendedor son las relativas a la Seguridad Social. La Ley General de la Seguridad Social es la norma en la que se recogen los principios generales del sistema de la Seguridad Social, así como los derechos y obligaciones de empresas y ciudadanos en esta materia.

1.2.1. Trámites según régimen aplicable

Se exponen a continuación los principales trámites que a un emprendedor le corresponde desarrollar en relación con la Seguridad Social:

- Inscripción del empresario y código de cuenta de cotización:
  - Obligatoriedad de la inscripción y de otras comunicaciones del empresario: los empresarios, como requisito previo e indispensable a la iniciación de sus actividades, deberán solicitar a la Tesorería General de la Seguridad Social su inscripción en el correspondiente régimen del sistema de la Seguridad Social. En el propio acto de formular la solicitud de inscripción, el empresario hará constar la entidad gestora y/o la entidad o entidades colaboradoras por las que opta tanto para la protección de las contingencias de accidentes de trabajo y enfermedades profesionales como para la cobertura de la prestación económica por incapacidad temporal derivada de contingencias comunes, respecto de los trabajadores que emplee.
  - Solicitud de inscripción: la solicitud de inscripción del empresario deberá contener:
    - El nombre y apellidos del interesado y, en su caso, de la persona que lo represente, así como la identificación del medio preferente y del lugar que se señale a efectos de notificaciones.
    - Los datos relativos a la denominación, domicilio y actividad económica principal de la empresa, así como, en su caso, a otras actividades concurrentes con ella que impliquen la producción de bienes y servicios que no se integren en el proceso productivo de la principal, y si precisa o no que se le asignen diversos códigos de cuenta de cotización. También indicará cuantos otros datos resulten necesarios para la gestión del sistema de la Seguridad Social.
    - Lugar y fecha de la solicitud de inscripción.
    - Firma del solicitante o acreditación de la autenticidad de su voluntad expresada por cualquier medio.
    - Órgano, centro o unidad administrativa a la que se dirige.
  - Efectos de la inscripción:
    - La inscripción del empresario será única y válida en los regímenes del sistema de la Seguridad Social que se determine para todo el territorio del Estado y para toda la vida de la persona física o jurídica titular de la empresa.
    - La inscripción identificará al empresario y las circunstancias que concurren en el mismo a efectos de la inclusión de los trabajadores y asimilados que presten servicios a aquel en el régimen o regímenes de la Seguridad Social que corresponda, con los derechos y obligaciones que el mismo establezca.

- La formalización de la protección por accidentes de trabajo y enfermedades profesionales y de la cobertura de la prestación económica por incapacidad temporal determina la responsabilidad de la entidad gestora o colaboradora que hubiere asumido la protección por las prescripciones derivadas de dichas contingencias, siempre que se cumplan las obligaciones de cotización y demás requisitos generales y particulares exigibles para causar derecho a las mismas en los términos establecidos en la Ley General de la Seguridad Social.

- Afiliación de trabajadores:

  — Corresponde llevarlo a cabo por parte del empresario cuando contrata a un trabajador que carece de número de la Seguridad Social con carácter previo al momento en que el trabajador empieza a prestar sus servicios en la empresa.

  — Debe realizarse la inscripción en la Tesorería General de la Seguridad Social, bien en la Administración correspondiente al domicilio de la sede social de la empresa o del domicilio del trabajador o a través de la Sede Electrónica de la Seguridad Social.

  — Este número de Seguridad Social se transforma en número de afiliación en el momento en el que el trabajador inicia una relación laboral que requiera su afiliación al régimen de la Seguridad Social.

- Alta, baja y variación de datos en el Régimen General de la Seguridad Social:

  — El empresario debe comunicar a la Tesorería General de la Seguridad Social el inicio, la finalización o la variación de los datos de identificación o laborales de los trabajadores de su empresa. En el caso de que el trabajador desarrolle una jornada laboral inferior a las sesenta horas mensuales, puede llegar a un acuerdo con el empresario para realizar dicha inscripción. En el supuesto de que el empresario incumpla su obligación, corresponderá llevarlo a cabo al trabajador y, en defecto de ambos, se producirá el alta de oficio por parte de la Dirección Provincial o por las Administraciones de la Tesorería General de la Seguridad Social.

  — Se realiza ante la Dirección Provincial de la Tesorería General de la Seguridad Social o de la Sede Electrónica de la Seguridad Social.

  — Plazos:

    - Alta: debe comunicarse con carácter previo al comienzo de la relación laboral, en el plazo máximo de sesenta días anteriores a tal fecha. En el supuesto de que no se pueda prever el inicio de la relación laboral o de que el comienzo de la misma se produzca en día u hora inhábil, deberá efectuarse la comunicación por cualquier medio informático, electrónico o telemático con carácter previo al momento en que se inicie la relación laboral.

- Modificación de datos: deberá realizarse en el plazo de seis días tras el hecho que los ha motivado.

- Baja: el plazo para su comunicación es de seis días naturales desde que se produce la finalización de la relación laboral.

— Efectos:

- Alta: un alta llevada a cabo con carácter previo al inicio de la relación laboral tiene efecto desde el momento en que comienza la actividad. En el caso del alta realizada de oficio, sus efectos existen desde que el inicio del hecho que la genera ha sido conocido. Las altas que sean presentadas fuera de plazo producirán sus efectos desde el día en que sea presentada la solicitud, excepto cuando el ingreso de las cuotas se llevase a cabo dentro del plazo reglamentario, en cuyo caso los efectos del alta se retrotraerán a la fecha en que se hayan ingresado las primeras cuotas correspondientes al empleado en cuestión. La obligación de cotizar en los diferentes regímenes del sistema de la Seguridad Social nacerá con el comienzo de la actividad profesional en tales regímenes o de la situación relacionada con la actividad de las personas incluidas en el campo de aplicación de aquellos regímenes.

  La mera solicitud de la afiliación y/o alta a la Dirección Provincial de la Tesorería General de la Seguridad Social o a la Administración de la misma surtirá en todo caso idéntico efecto, presumiéndose iniciada la actividad o producida la situación desde la fecha de efectos indicada en dicha solicitud que, en su caso, podrá ser desestimada mediante resolución motivada.

  La no presentación de la solicitud de la afiliación y/o del alta no impedirá el nacimiento de la obligación de cotizar desde el momento en que así se establezca para cada uno de los regímenes que integran el sistema de la Seguridad Social, sin perjuicio de la aplicación de la prescripción respecto de las obligaciones incumplidas dentro del plazo señalado para la misma y sin perjuicio, igualmente, de los efectos que en orden a las prestaciones deban atribuirse a las cotizaciones efectuadas con anterioridad a la presentación de aquellas solicitudes.

- Baja: los efectos de la baja de un trabajador se producen desde que finaliza la relación laboral. La baja del trabajador producirá efectos desde el cese en la prestación de los servicios por cuenta ajena, en la actividad por cuenta propia o, en su caso, en la situación determinante de su inclusión en el régimen de que se trate. La solicitud de baja del trabajador extinguirá la obligación de cotizar desde el cese en el trabajo. Si la baja se solicita fuera de plazo, la obligación de cotizar se extingue el día en que la Tesorería General de la Seguridad Social conozca el cese en el trabajo por cuenta ajena o en la actividad por cuenta propia. Cuando la Tesorería General de la Seguridad Social curse la baja de oficio, la obligación de cotizar se extinguirá desde el mismo día en que se haya llevado a cabo la actuación inspectora, o se hayan recibido los datos o documentos que acrediten el cese en el trabajo. No obstante lo dispuesto anteriormente, los interesados podrán probar por cualquiera de los medios admitidos en derecho que no se inició la actividad en la fecha notificada al solicitar el alta o que el cese en la actividad, en la prestación de servicios o en la situación de que se trate, tuvo lugar en otra fecha a efectos de la extinción de la obligación de cotizar, sin perjuicio, en su caso, de los efectos que deban producirse tanto en orden a la devolución de las cuotas que resulten indebidamente ingresadas como respecto del reintegro de las prestaciones que resulten indebidamente percibidas, salvo que por aplicación de la prescripción no fuera exigible ni la devolución ni el reintegro.

Debe mencionarse la existencia de la Sede Electrónica de la Seguridad Social, que puede ser empleada por cualquier ciudadano o empresa que opte o deba relacionarse con la Seguridad Social por internet. Esta se define como la dirección electrónica disponible para que los ciudadanos y empresas puedan realizar trámites a través de internet con la Seguridad Social y cuya titularidad, gestión y administración corresponde por completo a la Seguridad Social, órgano o entidad administrativa en el ejercicio de sus competencias.

En función del perfil del usuario de la sede electrónica, se podrá acceder a la presentación de documentación por registro, recepción de notificaciones electrónicas, obtención de certificados electrónicos y otros servicios sin necesidad de tramitarlos de forma presencial y con idéntica validez en ambos casos.

La sede electrónica puede emplearse en cualquier momento, debiendo tener presente que para trámites en los que se consideren plazos, los realizados en días inhábiles se entenderán efectuados el primer día hábil siguiente.

Para llevar a cabo el cómputo de plazos en cualquier trámite, la fecha y hora oficial de la sede será la que tendrá validez legal y no la del equipo desde el que el trámite se lleve a cabo. A estos efectos, se tendrá en cuenta la de finalización del trámite, cuando el ciudadano firme la solicitud y/o documentos y recibe el recibo correspondiente del registro.

1.3. Organismos públicos relacionados con la constitución, puesta en marcha y modificación de las circunstancias jurídicas de pequeños negocios o microempresas

Son diversos los organismos públicos con competencias relativas a la constitución, puesta en marcha y modificación de una empresa. Los diferentes organismos pertenecen a los distintos niveles de las Administraciones públicas (estatal, autonómico y local).

1.3.1. Funciones de los organismos

Habiendo detallado previamente el conjunto de competencias que corresponden a cada uno de los organismos administrativos en relación con la creación de una empresa, se exponen a continuación los principios generales de la competencia administrativa:

- Competencia:
  - La competencia es irrenunciable y será ejercida por los órganos administrativos que la tengan atribuida como propia, salvo en los casos de delegación o avocación, cuando se efectúen en los términos previstos en esta u otras leyes.
  - La delegación de competencias, las encomiendas de gestión, la delegación de firma y la suplencia no suponen alteración de la titularidad de la competencia, aunque sí de los elementos determinantes de su ejercicio que en cada caso se prevén.
  - La titularidad y el ejercicio de las competencias atribuidas a los órganos administrativos podrán ser desconcentradas en otros jerárquicamente dependientes de aquellos en los términos y con los requisitos que prevean las propias normas de atribución de competencias.
  - Si alguna disposición atribuye la competencia a una Administración sin especificar el órgano que debe ejercerla, se entenderá que la facultad de instruir y resolver los expedientes corresponde a los órganos inferiores

competentes por razón de la materia y del territorio. Si existiera más de un órgano inferior competente por razón de materia y territorio, la facultad para instruir y resolver los expedientes corresponderá al superior jerárquico común de estos.

- Delegación de competencias:

  — Los órganos de las diferentes Administraciones públicas podrán delegar el ejercicio de las competencias que tengan atribuidas en otros órganos de la misma Administración, aun cuando no sean jerárquicamente dependientes, o en los organismos públicos o entidades de derecho público vinculados o dependientes de aquellas.

  — En el ámbito de la Administración General del Estado, la delegación de competencias deberá ser aprobada previamente por el órgano ministerial de quien dependa el órgano delegante, y en el caso de los organismos públicos o entidades vinculados o dependientes por el órgano máximo de dirección, de acuerdo con sus normas de creación. Cuando se trate de órganos no relacionados jerárquicamente será necesaria la aprobación previa del superior común si ambos pertenecen al mismo ministerio, o del órgano superior de quien dependa el órgano delegado, si el delegante y el delegado pertenecen a diferentes ministerios.

  — Asimismo, los órganos de la Administración General del Estado podrán delegar el ejercicio de sus competencias propias en sus organismos públicos y entidades vinculados o dependientes cuando resulte conveniente para alcanzar los fines que tengan asignados y mejorar la eficacia de su gestión. La delegación deberá ser previamente aprobada por los órganos de los que dependan el órgano delegante y el órgano delegado, o aceptada por este último cuando sea el órgano máximo de dirección del organismo público o entidad vinculado o dependiente.

  — En ningún caso podrán ser objeto de delegación las competencias relativas a:

    - Los asuntos que se refieran a relaciones con la Jefatura del Estado, la Presidencia del Gobierno de la Nación, las Cortes Generales, las Presidencias de los Consejos de Gobierno de las Comunidades Autónomas y las Asambleas Legislativas de las Comunidades Autónomas.

    - La adopción de disposiciones de carácter general.

    - La resolución de recursos en los órganos administrativos que hayan dictado los actos objeto de recurso.

    - Las materias en que así se determine por norma con rango de ley.

— Las delegaciones de competencias y su revocación deberán publicarse en el Boletín Oficial del Estado, en el de la comunidad autónoma o en el de la provincia, según la Administración a la que pertenezca el órgano delegante y el ámbito territorial de competencia de este.

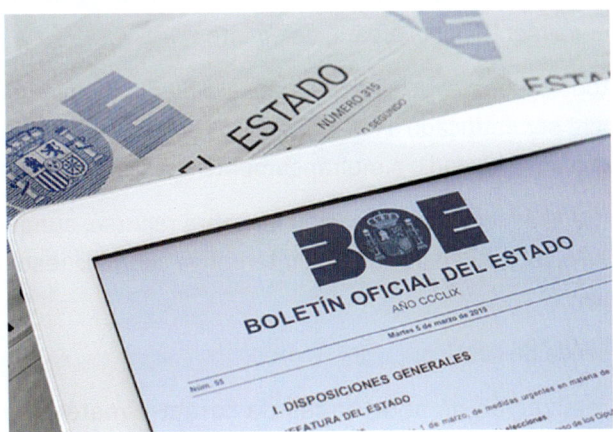

— Las resoluciones administrativas que se adopten por delegación indicarán expresamente esta circunstancia y se considerarán dictadas por el órgano delegante.

— Salvo autorización expresa de una ley, no podrán delegarse las competencias que se ejerzan por delegación.

— No constituye impedimento para que pueda delegarse la competencia para resolver un procedimiento la circunstancia de que la norma reguladora del mismo prevea, como trámite preceptivo, la emisión de un dictamen o informe; no obstante, no podrá delegarse la competencia para resolver un procedimiento una vez que en el correspondiente procedimiento se haya emitido un dictamen o informe preceptivo acerca del mismo.

— La delegación será revocable en cualquier momento por el órgano que la haya conferido.

— El acuerdo de delegación de aquellas competencias atribuidas a órganos colegiados, para cuyo ejercicio se requiera un *quorum* o mayoría especial, deberá adoptarse observando, en todo caso, dicho *quorum* o mayoría.

• Avocación:

— Los órganos superiores podrán avocar para sí el conocimiento de uno o varios asuntos cuya resolución corresponda ordinariamente o por delegación a sus órganos administrativos dependientes, cuando circunstancias de índole técnica, económica, social, jurídica o territorial lo hagan conveniente.

— En los supuestos de delegación de competencias en órganos no dependientes jerárquicamente, el conocimiento de un asunto podrá ser avocado únicamente por el órgano delegante.

— En todo caso, la avocación se realizará mediante acuerdo motivado que deberá ser notificado a los interesados en el procedimiento, si los hubiere, con anterioridad o simultáneamente a la resolución final que se dicte.

— Contra el acuerdo de avocación no cabrá recurso, aunque podrá impugnarse en el que, en su caso, se interponga contra la resolución del procedimiento.

• Encomienda de gestión:

— La realización de actividades de carácter material o técnico de la competencia de los órganos administrativos o de las entidades de derecho público podrá ser encomendada a otros órganos o entidades de derecho público de la misma o de distinta Administración, siempre que entre sus competencias estén esas actividades, por razones de eficacia o cuando no se posean los medios técnicos idóneos para su desempeño.

— Las encomiendas de gestión no podrán tener por objeto prestaciones propias de los contratos regulados en la legislación de contratos del sector público. En tal caso, su naturaleza y régimen jurídico se ajustará a lo previsto en esta .

— La encomienda de gestión no supone cesión de la titularidad de la competencia ni de los elementos sustantivos de su ejercicio, siendo responsabilidad del órgano o entidad encomendante dictar cuantos actos o resoluciones de carácter jurídico den soporte o en los que se integre la concreta actividad material objeto de encomienda.

— En todo caso, la entidad u órgano encomendado tendrá la condición de encargado del tratamiento de los datos de carácter personal a los que pudiera tener acceso en ejecución de la encomienda de gestión, siéndole de aplicación lo dispuesto en la normativa de protección de datos de carácter personal.

• Delegación de firma:

— Los titulares de los órganos administrativos podrán, en materias de la competencia que ostenten, bien por atribución, bien por delegación, delegar la firma de sus resoluciones y actos administrativos en los titu-lares de los órganos o unidades administrativas que de ellos dependan, dentro de los límites señalados legalmente.

— La delegación de firma no alterará la competencia del órgano delegante y para su validez no será necesaria su publicación.

— En las resoluciones y actos que se firmen por delegación se hará constar esta circunstancia y la autoridad de procedencia.

- Decisiones sobre competencia:

— El órgano administrativo que se estime incompetente para la resolución de un asunto remitirá directamente las actuaciones al órgano que consi-dere competente, debiendo notificar esta circunstancia a los interesados.

— Los interesados que sean parte en el procedimiento podrán dirigirse al órgano que se encuentre conociendo de un asunto para que decline su competencia y remita las actuaciones al órgano competente.

Asimismo, podrán dirigirse al órgano que estimen competente para que requiera de inhibición al que esté conociendo del asunto.

— Los conflictos de atribuciones solo podrán suscitarse entre órganos de una misma Administración no relacionados jerárquicamente y respecto a asuntos sobre los que no haya finalizado el procedimiento administrativo.

1.3.2. Documentación que presentar

Los procedimientos podrán iniciarse de oficio o por solicitud de la persona inte-resada; en este segundo supuesto, se seguirá el siguiente procedimiento:

- Solicitudes de iniciación:

— Las solicitudes que se formulen deberán contener:

- Nombre y apellidos del interesado y, en su caso, de la persona que lo represente.

- Identificación del medio electrónico, o en su defecto, lugar físico en que desea que se practique la notificación. Adicionalmente, los inte-resados podrán aportar su dirección de correo electrónico y/o dispo-sitivo electrónico con el fin de que las Administraciones públicas les avisen del envío o puesta a disposición de la notificación.

- Hechos, razones y petición en que se concrete, con toda claridad, la solicitud.

- Lugar y fecha.

- Firma del solicitante o acreditación de la autenticidad de su voluntad expresada por cualquier medio.

- Órgano, centro o unidad administrativa a la que se dirige y su correspondiente código de identificación.

- Las oficinas de asistencia en materia de registros estarán obligadas a facilitar a los interesados el código de identificación si el interesado lo desconoce. Asimismo, las Administraciones públicas deberán mantener y actualizar en la sede electrónica correspondiente un listado con los códigos de identificación vigentes.

— Cuando las pretensiones correspondientes a una pluralidad de personas tengan un contenido y fundamento idéntico o sustancialmente similar, podrán ser formuladas en una única solicitud, salvo que las normas reguladoras de los procedimientos específicos dispongan otra cosa.

— De las solicitudes, comunicaciones y escritos que presenten los interesados electrónicamente o en las oficinas de asistencia en materia de registros de la Administración, podrán estos exigir el correspondiente recibo que acredite la fecha y hora de presentación.

— Las Administraciones públicas deberán establecer modelos y sistemas de presentación masiva que permitan a los interesados presentar simultáneamente varias solicitudes. Estos modelos, de uso voluntario, estarán a disposición de los interesados en las correspondientes sedes electrónicas y en las oficinas de asistencia en materia de registros de las Administraciones públicas.

Los solicitantes podrán acompañar los elementos que estimen convenientes para precisar o completar los datos del modelo, los cuales deberán ser admitidos y tenidos en cuenta por el órgano al que se dirijan.

— Los sistemas normalizados de solicitud podrán incluir comprobaciones automáticas de la información aportada respecto de datos almacenados en sistemas propios o pertenecientes a otras Administraciones u ofrecer el formulario cumplimentado, en todo o en parte, con objeto de que el interesado verifique la información y, en su caso, la modifique y complete.

— Cuando la Administración en un procedimiento concreto establezca expresamente modelos específicos de presentación de solicitudes, estos serán de uso obligatorio por los interesados.

- Subsanación y mejora de la solicitud:

— Si la solicitud de iniciación no reúne los requisitos que señala el artículo 66 de la Ley 39/2015 y, en su caso, los que señala el artículo 67 de la

Ley 39/2015 u otros exigidos por la legislación específica aplicable, se requerirá al interesado para que, en un plazo de diez días, subsane la falta o acompañe los documentos preceptivos, con indicación de que, si así no lo hiciera, se le tendrá por desistido de su petición, previa resolución.

— Siempre que no se trate de procedimientos selectivos o de concurrencia competitiva, este plazo podrá ser ampliado prudencialmente, hasta cinco días, a petición del interesado o a iniciativa del órgano, cuando la aportación de los documentos requeridos presente dificultades especiales.

— En los procedimientos iniciados por solicitud de los interesados, el órgano competente podrá recabar del solicitante la modificación o mejora voluntarias de los términos de aquella. De ello se levantará acta sucinta, que se incorporará al procedimiento.

— Si alguno de los sujetos a los que hace referencia el artículo 14.2 y 14.3 de la Ley 39/2015 presenta su solicitud presencialmente, las Administraciones públicas requerirán al interesado para que la subsane a través de su presentación electrónica. A estos efectos, se considerará como fecha de presentación de la solicitud aquella en la que haya sido realizada la subsanación.

- Declaración responsable y comunicación previa:

  — Se entenderá por declaración responsable el documento suscrito por un interesado en el que este manifiesta, bajo su responsabilidad, que cumple con los requisitos establecidos en la normativa vigente para obtener el reconocimiento de un derecho o facultad, o para su ejercicio, que dispone de la documentación que así lo acredita, que la pondrá a disposición de la Administración cuando le sea requerida, y que se compromete a mantener el cumplimiento de las anteriores obligaciones durante el periodo de tiempo inherente a dicho reconocimiento o ejercicio.

  — Los requisitos a los que se refiere el párrafo anterior deberán estar recogidos de manera expresa, clara y precisa en la correspondiente declaración responsable. Las Administraciones podrán requerir en cualquier momento que se aporte la documentación que acredite el cumplimiento de los mencionados requisitos y el interesado deberá aportarla.

  — A los efectos de esta ley, se entenderá por comunicación aquel documento mediante el que los interesados ponen en conocimiento de la Administración pública competente sus datos identificativos o cualquier otro dato relevante para el inicio de una actividad o el ejercicio de un derecho.

  — Las declaraciones responsables y las comunicaciones permitirán el reconocimiento o ejercicio de un derecho, o bien el inicio de una actividad, desde el día de su presentación, sin perjuicio de las facultades de comprobación, control e inspección que tengan atribuidas las Administraciones públicas.

    No obstante lo dispuesto en el párrafo anterior, la comunicación podrá presentarse dentro de un plazo posterior al inicio de la actividad cuando la legislación correspondiente lo prevea expresamente.

  — La inexactitud, falsedad u omisión, de carácter esencial, de cualquier dato o información que se incorpore a una declaración responsable o a una comunicación, o la no presentación ante la Administración competente de la declaración responsable, la documentación que sea en su caso requerida para acreditar el cumplimiento de lo declarado o la comunicación determinará la imposibilidad de continuar con el ejercicio del derecho o actividad afectada desde el momento en que se tenga constancia de tales hechos, sin perjuicio de las responsabilidades penales, civiles o administrativas a que hubiera lugar.

    Asimismo, la resolución de la Administración pública que declare tales circunstancias podrá determinar la obligación del interesado de restituir la situación jurídica al momento previo al reconocimiento o al ejercicio del derecho o al inicio de la actividad correspondiente, así como la imposibilidad de instar un nuevo procedimiento con el mismo objeto durante un periodo de tiempo determinado por la ley, todo ello conforme a los términos establecidos en las normas sectoriales de aplicación.

— Las Administraciones públicas tendrán permanentemente publicados y actualizados modelos de declaración responsable y de comunicación, fácilmente accesibles a los interesados.

— Únicamente será exigible bien una declaración responsable, bien una comunicación para iniciar una misma actividad u obtener el reconocimiento de un mismo derecho o facultad para su ejercicio, sin que sea posible la exigencia de ambas acumulativamente.

- Medidas provisionales:

— Iniciado el procedimiento, el órgano administrativo competente para resolver podrá adoptar, de oficio o a instancia de parte y de forma motivada, las medidas provisionales que estime oportunas para asegurar la eficacia de la resolución que pudiera recaer, si existiesen elementos de juicio suficientes para ello, de acuerdo con los principios de proporcionalidad, efectividad y menor onerosidad.

— Antes de la iniciación del procedimiento administrativo, el órgano competente, para iniciar o instruir el procedimiento, de oficio o a instancia de parte, en los casos de urgencia inaplazable y para la protección provisional de los intereses implicados, podrá adoptar de forma motivada las medidas provisionales que resulten necesarias y proporcionadas. Las medidas provisionales deberán ser confirmadas, modificadas o levantadas en el acuerdo de iniciación del procedimiento, que deberá efectuarse dentro de los quince días siguientes a su adopción, el cual podrá ser objeto del recurso que proceda.

En todo caso, dichas medidas quedarán sin efecto si no se inicia el procedimiento en dicho plazo o cuando el acuerdo de iniciación no contenga un pronunciamiento expreso acerca de las mismas.

— De acuerdo con lo previsto en los dos apartados anteriores, podrán acordarse las siguientes medidas provisionales, en los términos previstos en la Ley 1/2000, de 7 de enero, de Enjuiciamiento Civil:

- Suspensión temporal de actividades.

- Prestación de fianzas.

- Retirada o intervención de bienes productivos o suspensión temporal de servicios por razones de sanidad, higiene o seguridad, el cierre temporal del establecimiento por estas u otras causas previstas en la normativa reguladora aplicable.

- Embargo preventivo de bienes, rentas y cosas fungibles computables en metálico por aplicación de precios ciertos.

- El depósito, retención o inmovilización de cosa mueble.

- La intervención y depósito de ingresos obtenidos mediante una actividad que se considere ilícita y cuya prohibición o cesación se pretenda.

- Consignación o constitución de depósito de las cantidades que se reclamen.

- La retención de ingresos a cuenta que deban abonar las Administraciones públicas.

- Aquellas otras medidas que, para la protección de los derechos de los interesados, prevean expresamente las leyes, o que se estimen necesarias para asegurar la efectividad de la resolución.

— No se podrán adoptar medidas provisionales que puedan causar perjuicio de difícil o imposible reparación a los interesados o que impliquen violación de derechos amparados por las leyes.

— Las medidas provisionales podrán ser alzadas o modificadas durante la tramitación del procedimiento, de oficio o a instancia de parte, en virtud de circunstancias sobrevenidas o que no pudieron ser tenidas en cuenta en el momento de su adopción.

En todo caso, se extinguirán cuando surta efectos la resolución administrativa que ponga fin al procedimiento correspondiente.

- Acumulación:
  — El órgano administrativo que inicie o tramite un procedimiento, cualquiera que haya sido la forma de su iniciación, podrá disponer su acumulación a otros con los que guarde identidad sustancial o íntima conexión. Contra el acuerdo de acumulación no procederá recurso alguno.

1.3.3. Formas de tramitación, general y específica, exigida en cada caso concreto

Las Administraciones públicas deben publicar y mantener actualizadas, a efectos informativos, las relaciones de procedimientos, con indicación de los plazos máximos de duración de los mismos, así como de los efectos que produzca el silencio administrativo. Cada procedimiento contiene información acerca del organismo que tiene atribuida la competencia, el objeto y denominación del mismo, la información sobre el modo de iniciación, el órgano que resuelve y el plazo de resolución y notificación, el sentido que ha de dársele al silencio administrativo, así como las normas que lo regulan.

En todo caso, las Administraciones públicas informarán a los interesados del plazo máximo normativamente establecido para la resolución y notificación de los procedimientos, así como de los efectos que pueda producir el silencio administrativo, incluyendo dicha mención en la notificación o publicación del acuerdo de iniciación de oficio, o en comunicación que se les dirigirá al efecto dentro de los diez días siguientes a la recepción de la solicitud en el registro del órgano competente para su tramitación. En este último caso, la comunicación indicará además la fecha en que la solicitud ha sido recibida por el órgano competente.

Respecto del procedimiento genéricamente considerado, cabe destacar los siguientes aspectos:

- Clases de iniciación: los procedimientos podrán iniciarse de oficio o por solicitud de la persona interesada.

- Iniciación de oficio:

  — Los procedimientos se iniciarán de oficio por acuerdo del órgano competente, bien por propia iniciativa o como consecuencia de orden superior, a petición razonada de otros órganos o por denuncia.

  — Se entiende por propia iniciativa la actuación derivada del conocimiento directo o indirecto de las circunstancias, conductas o hechos objeto del procedimiento por el órgano que tiene atribuida la competencia de iniciación.

  — Se entiende por petición razonada la propuesta de iniciación del procedimiento formulada por cualquier órgano administrativo que no tiene competencia para iniciar el mismo y que ha tenido conocimiento de las circunstancias, conductas o hechos objeto del procedimiento, bien ocasionalmente o bien por tener atribuidas funciones de inspección, averiguación o investigación.

  La petición no vincula al órgano competente para iniciar el procedimiento, si bien deberá comunicar al órgano que la hubiera formulado los motivos por los que, en su caso, no procede la iniciación.

  — Se entiende por denuncia el acto por el que cualquier persona, en cumplimiento o no de una obligación legal, pone en conocimiento de un órgano administrativo la existencia de un determinado hecho que pudiera justificar la iniciación de oficio de un procedimiento administrativo.

— Las denuncias deberán expresar la identidad de la persona o personas que las presentan y el relato de los hechos que se ponen en conocimiento de la Administración. Cuando dichos hechos pudieran constituir una infracción administrativa, recogerán la fecha de su comisión y, cuando sea posible, la identificación de los presuntos responsables.

— Cuando la denuncia invocara un perjuicio en el patrimonio de las Administraciones públicas, la no iniciación del procedimiento deberá ser motivada y se notificará a los denunciantes la decisión de si se ha iniciado o no el procedimiento.

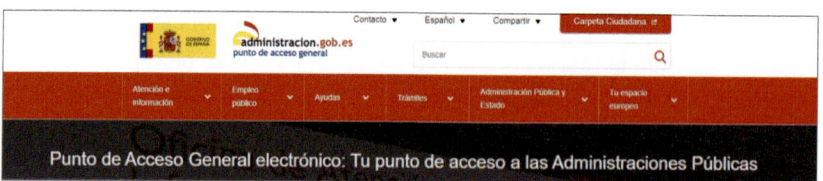

— Los procedimientos de naturaleza sancionadora se iniciarán siempre de oficio por acuerdo del órgano competente y establecerán la debida separación entre la fase instructora y la sancionadora, que se encomendará a órganos distintos.

Se considerará que un órgano es competente para iniciar el procedimiento cuando así lo determinen las normas reguladoras del mismo.

— En ningún caso se podrá imponer una sanción sin que se haya tramitado el oportuno procedimiento.

— No se podrán iniciar nuevos procedimientos de carácter sancionador por hechos o conductas tipificadas como infracciones en cuya comisión el infractor persista de forma continuada, en tanto no haya recaído una primera resolución sancionadora, con carácter ejecutivo.

— Cuando las Administraciones públicas decidan iniciar de oficio un procedimiento de responsabilidad patrimonial será necesario que no haya prescrito el derecho a la reclamación del interesado.

— El acuerdo de iniciación del procedimiento se notificará a los particulares presuntamente lesionados, concediéndoles un plazo de diez días para que aporten cuantas alegaciones, documentos o información estimen conveniente a su derecho y propongan cuantas pruebas sean pertinentes para el reconocimiento del mismo. El procedimiento iniciado se instruirá, aunque los particulares presuntamente lesionados no se personen en el plazo establecido.

- Impulso y celeridad:

  — El procedimiento, sometido al principio de celeridad, se impulsará de oficio en todos sus trámites y a través de medios electrónicos, respetando los principios de transparencia y publicidad.

  — En el despacho de los expedientes se guardará el orden riguroso de incoación en asuntos de homogénea naturaleza, salvo que por el titular de la unidad administrativa se dé orden motivada en contrario, de la que quede constancia.

  El incumplimiento de lo dispuesto en el párrafo anterior dará lugar a la exigencia de responsabilidad disciplinaria del infractor y, en su caso, será causa de remoción del puesto de trabajo.

  — Las personas designadas como órgano instructor o, en su caso, los titulares de las unidades administrativas que tengan atribuida tal función serán responsables directos de la tramitación del procedimiento y, en especial, del cumplimiento de los plazos establecidos.

- Cumplimiento de trámites y cuestiones incidentales:

  — Los trámites que deban ser cumplimentados por los interesados deberán realizarse en el plazo de diez días a partir de la notificación del correspondiente acto, salvo en el caso de que en la norma correspondiente se fije plazo distinto.

  — Cuando en cualquier momento se considere que alguno de los actos de los interesados no reúne los requisitos necesarios, la Administración lo pondrá en conocimiento de su autor, concediéndole un plazo de diez días para cumplimentarlo.

  — A los interesados que no cumplan lo dispuesto en los apartados anteriores, se les podrá declarar decaídos en su derecho al trámite correspondiente; sin embargo, se admitirá la actuación del interesado y producirá sus efectos legales si se produjera antes o dentro del día que se notifique la resolución en la que se tenga por transcurrido el plazo.

  — Las cuestiones incidentales que se susciten en el procedimiento, incluso las que se refieran a la nulidad de actuaciones, no suspenderán la tramitación del mismo, salvo la recusación.

1.3.4. Los plazos y formas de presentación de documentos

Plazos:

- Obligatoriedad de términos y plazos: los términos y plazos establecidos en la legislación aplicable obligan a las autoridades y personal al servicio de las

Administraciones públicas competentes para la tramitación de los asuntos, así como a los interesados en los mismos.

- Cómputo:

  — Salvo que por ley o en el derecho de la Unión Europea se disponga otro cómputo, cuando los plazos se señalen por horas, se entiende que estas son hábiles. Son hábiles todas las horas del día que formen parte de un día hábil.

  — Los plazos expresados por horas se contarán de hora en hora y de minuto en minuto desde la hora y minuto en que tenga lugar la notificación o publicación del acto de que se trate y no podrán tener una duración superior a veinticuatro horas, en cuyo caso se expresarán en días.

  — Siempre que por ley o en el derecho de la Unión Europea no se exprese otro cómputo, cuando los plazos se señalen por días, se entiende que estos son hábiles, excluyéndose del cómputo los sábados, los domingos y los declarados festivos.

    Cuando los plazos se hayan señalado por días naturales por declararlo así una ley o por el derecho de la Unión Europea, se hará constar esta circunstancia en las correspondientes notificaciones.

  — Los plazos expresados en días se contarán a partir del día siguiente a aquel en que tenga lugar la notificación o publicación del acto de que se trate, o desde el siguiente a aquel en que se produzca la estimación o la desestimación por silencio administrativo.

  — Si el plazo se fija en meses o años, estos se computarán a partir del día siguiente a aquel en que tenga lugar la notificación o publicación del acto de que se trate, o desde el siguiente a aquel en que se produzca la estimación o desestimación por silencio administrativo.

    Calendario Días Inhábiles 2023

    Días inhábiles

    Publicado el calendario de días inhábiles para el año 2023

    El plazo concluirá el mismo día en que se produjo la notificación, publicación o silencio administrativo en el mes o el año de vencimiento. Si en el mes de vencimiento no hubiera día equivalente a aquel en que comienza el cómputo, se entenderá que el plazo expira el último día del mes.

— Cuando el último día del plazo sea inhábil, se entenderá prorrogado al primer día hábil siguiente.

— Cuando un día fuese hábil en el municipio o comunidad autónoma en que residiese el interesado, e inhábil en la sede del órgano administrativo, o a la inversa, se considerará inhábil en todo caso.

— La Administración General del Estado y las Administraciones de las comunidades autónomas, con sujeción al calendario laboral oficial, fijarán, en su respectivo ámbito, el calendario de días inhábiles a efectos de cómputos de plazos. El calendario aprobado por las comunidades autónomas comprenderá los días inhábiles de las entidades locales correspondientes a su ámbito territorial, en las que será de aplicación.

Dicho calendario deberá publicarse antes del comienzo de cada año en el diario oficial que corresponda, así como en otros medios de difusión que garanticen su conocimiento generalizado.

— La declaración de un día como hábil o inhábil a efectos de cómputo de plazos no determina por sí solo el funcionamiento de los centros de trabajo de las Administraciones públicas, la organización del tiempo de trabajo o el régimen de jornada y horarios de las mismas.

• Ampliación:

— La Administración, salvo precepto en contrario, podrá conceder de oficio o a petición de los interesados una ampliación de los plazos establecidos, que no exceda de la mitad de los mismos, si las circunstancias lo aconsejan y con ello no se perjudican derechos de terceros. El acuerdo de ampliación deberá ser notificado a los interesados.

— La ampliación de los plazos por el tiempo máximo permitido se aplicará en todo caso a los procedimientos tramitados por las misiones diplomáticas y oficinas consulares, así como a aquellos que, sustanciándose en el interior, exijan cumplimentar algún trámite en el extranjero o en los que intervengan interesados residentes fuera de España.

— Tanto la petición de los interesados como la decisión sobre la ampliación deberán producirse, en todo caso, antes del vencimiento del plazo de que se trate. En ningún caso podrá ser objeto de ampliación un plazo ya vencido. Los acuerdos sobre ampliación de plazos o sobre su denegación no serán susceptibles de recurso, sin perjuicio del procedente contra la resolución que ponga fin al procedimiento.

— Cuando una incidencia técnica haya imposibilitado el funcionamiento ordinario del sistema o aplicación que corresponda, y hasta que se solucione el problema, la Administración podrá determinar una ampliación de los plazos no vencidos, debiendo publicar en la sede electrónica tanto la incidencia técnica acontecida como la ampliación concreta del plazo no vencido.

— Cuando como consecuencia de un ciberincidente se hayan visto gravemente afectados los servicios y sistemas utilizados para la tramitación de los procedimientos y el ejercicio de los derechos de los interesados que prevé la normativa vigente, la Administración podrá acordar la ampliación general de plazos de los procedimientos administrativos.

- Tramitación de urgencia:

— Cuando razones de interés público lo aconsejen se podrá acordar, de oficio o a petición del interesado, la aplicación al procedimiento de la tramitación de urgencia, por la cual se reducirán a la mitad los plazos establecidos para el procedimiento ordinario, salvo los relativos a la presentación de solicitudes y recursos.

— No cabrá recurso alguno contra el acuerdo que declare la aplicación de la tramitación de urgencia al procedimiento.

Formas de presentación de documentos:

- Registros administrativos:

— Cada Administración dispondrá de un Registro Electrónico General, en el que se hará el correspondiente asiento de todo documento que sea presentado o que se reciba en cualquier órgano administrativo, organismo público o entidad vinculado o dependiente de estos. También se podrán anotar en el mismo la salida de los documentos oficiales dirigidos a otros órganos o particulares.

Los organismos públicos vinculados o dependientes de cada Administración podrán disponer de su propio registro electrónico plenamente interoperable e interconectado con el Registro Electrónico General de la Administración de la que depende.

El Registro Electrónico General de cada Administración funcionará como un portal que facilitará el acceso a los registros electrónicos de cada organismo. Tanto el Registro Electrónico General de cada Administración como los registros electrónicos de cada organismo cumplirán con las garantías y medidas de seguridad previstas en la legislación en materia de protección de datos de carácter personal.

Las disposiciones de creación de los registros electrónicos se publicarán en el diario oficial correspondiente y su texto íntegro deberá estar disponible para consulta en la sede electrónica de acceso al registro. En todo caso, las disposiciones de creación de registros electrónicos especificarán el órgano o unidad responsable de su gestión, así como la fecha y hora oficial y los días declarados como inhábiles.

En la sede electrónica de acceso a cada registro figurará la relación actualizada de trámites que pueden iniciarse en el mismo.

— Los asientos se anotarán respetando el orden temporal de recepción o salida de los documentos, e indicarán la fecha del día en que se produzcan. Concluido el trámite de registro, los documentos serán cursados sin dilación a sus destinatarios y a las unidades administrativas correspondientes desde el registro en que hubieran sido recibidas.

— El registro electrónico de cada Administración u organismo garantizará la constancia, en cada asiento que se practique, de un número, epígrafe expresivo de su naturaleza, fecha y hora de su presentación, identificación del interesado, órgano administrativo remitente, si procede, y persona u órgano administrativo al que se envía, y, en su caso, referencia al contenido del documento que se registra. Para ello, se emitirá automáticamente un recibo consistente en una copia autenticada del documento de que se trate, incluyendo la fecha y hora de presentación y el número de entrada de registro, así como un recibo acreditativo de otros documentos que, en su caso, lo acompañen, que garantice la integridad y el no repudio de los mismos.

— Los documentos que los interesados dirijan a los órganos de las Administraciones públicas podrán presentarse:

  ▪ En el registro electrónico de la Administración u organismo al que se dirijan, así como en los restantes registros electrónicos de cualquiera de los sujetos que integran las Administraciones públicas.

  ▪ En las oficinas de Correos, en la forma que reglamentariamente se establezca.

  ▪ En las representaciones diplomáticas u oficinas consulares de España en el extranjero.

  ▪ En las oficinas de asistencia en materia de registros.

  ▪ En cualquier otro que establezcan las disposiciones vigentes.

Los registros electrónicos de todas y cada una de las Administraciones deberán ser plenamente interoperables, de modo que se garantice su compatibilidad informática e interconexión, así como la transmisión telemática de los asientos registrales y de los documentos que se presenten en cualquiera de los registros.

— Los documentos presentados de manera presencial ante las Administraciones públicas deberán ser digitalizados por la oficina de asistencia en materia de registros en la que hayan sido presentados para su incorporación al expediente administrativo electrónico, devolviéndose los originales al interesado, sin perjuicio de aquellos supuestos en los que la norma determine la custodia por parte de la Administración de los documentos presentados o resulte obligatoria la presentación de objetos o de documentos en un soporte específico no susceptibles de digitalización.

Reglamentariamente, las Administraciones podrán establecer la obligación de presentar determinados documentos por medios electrónicos para ciertos procedimientos y colectivos de personas físicas que, por razón de su capacidad económica, técnica, dedicación profesional u otros motivos quede acreditado que tienen acceso y disponibilidad de los medios electrónicos necesarios.

— Podrán hacerse efectivos mediante transferencia dirigida a la oficina pública correspondiente cualesquiera cantidades que haya que satisfacer en el momento de la presentación de documentos a las Administraciones públicas, sin perjuicio de la posibilidad de su abono por otros medios.

— Las Administraciones públicas deberán hacer pública y mantener actualizada una relación de las oficinas en las que se prestará asistencia para la presentación electrónica de documentos.

— No se tendrán por presentados en el registro aquellos documentos e información cuyo régimen especial establezca otra forma de presentación.

1.3.5. Puntos de Atención al Emprendedor

Los PAE prestarán los siguientes servicios:

a) Facilitar la creación de nuevas empresas, el inicio efectivo de su actividad y su desarrollo, a través de la prestación de servicios de información, tramitación de documentación, asesoramiento, formación y apoyo a la financiación empresarial.

b) Suministrar toda la información y formularios necesarios para el acceso a la actividad y su ejercicio.

c) Ofrecer la posibilidad de presentar toda la documentación y solicitudes necesarias.

d) Ofrecer la posibilidad de conocer el estado de tramitación de los procedimientos en que tengan la condición de interesado y, en su caso, recibir la correspondiente notificación de los actos de trámite preceptivos y la resolución de los mismos por el órgano administrativo competente.

e) Suministrar toda la información sobre las ayudas, subvenciones y otros tipos de apoyo financiero disponibles para la actividad económica de que se trate en la Administración General del Estado, comunidades autónomas y entidades locales.

f) Facilitar los trámites necesarios para la constitución de sociedades, el inicio efectivo de una actividad económica y su ejercicio por emprendedores.

g) Facilitar la tramitación del cese de la actividad.

Sin perjuicio de otros servicios que pudieran prestar, los servicios a que se refiere este artículo se podrán prestar mediante contraprestación económica, excepto lo referente a la tramitación del DUE. Cada punto de atención al emprendedor mantendrá una lista de los servicios gratuitos y de los que se prestan mediante contraprestación económica de acuerdo con los convenios que, en su caso, se celebren con el Ministerio de Industria y Turismo.

1.3.6. Las oficinas virtuales

El sector público deberá respetar los siguientes principios en sus actuaciones y relaciones electrónicas:

• Los principios de neutralidad tecnológica y de adaptabilidad al progreso de las tecnologías y sistemas de comunicaciones electrónicas para garantizar tanto la independencia en la elección de las alternativas tecnológicas necesarias para relacionarse con las Administraciones públicas por parte de las personas interesadas y por el propio sector público, como la libertad para desarrollar e implantar los avances tecnológicos en un ámbito de libre mercado. A estos efectos, el sector público utilizará estándares abiertos, así como, en su caso y de forma complementaria, estándares que sean de uso generalizado.

- Las herramientas y dispositivos que deban utilizarse para la comunicación por medios electrónicos, así como sus características técnicas, serán no discriminatorios, estarán disponibles de forma general y serán compatibles con los productos informáticos de uso general.

- El principio de accesibilidad, entendido como el conjunto de principios y técnicas que se deben respetar al diseñar, construir, mantener y actualizar los servicios electrónicos para garantizar la igualdad y la no discriminación en el acceso de las personas usuarias, en particular de las personas con discapacidad y de las personas mayores.

- El principio de facilidad de uso, que determina que el diseño de los servicios electrónicos esté centrado en las personas usuarias, de forma que se minimice el grado de conocimiento necesario para el uso del servicio.

- El principio de interoperabilidad, entendido como la capacidad de los sistemas de información y, por ende, de los procedimientos a los que estos dan soporte, de compartir datos y posibilitar el intercambio de información entre ellos.

- El principio de proporcionalidad, en cuya virtud solo se exigirán las garantías y medidas de seguridad adecuadas a la naturaleza y circunstancias de los distintos trámites y actuaciones electrónicos.

- El principio de personalización y proactividad, entendido como la capacidad de las Administraciones públicas para que, partiendo del conocimiento adquirido del usuario final del servicio, proporcione servicios precumplimentados y se anticipe a las posibles necesidades de los mismos.

Derecho y obligación de relacionarse electrónicamente con las Administraciones públicas

Estarán obligados a relacionarse a través de medios electrónicos con las Administraciones públicas para la realización de cualquier trámite de un procedimiento administrativo, al menos, los sujetos a los que se refiere el artículo 14.2 de la Ley 39/2015, de 1 de octubre.

Las personas físicas no obligadas a relacionarse a través de medios electrónicos con las Administraciones públicas podrán ejercitar su derecho a relacionarse electrónicamente con la Administración pública de que se trate al inicio del procedimiento y, a tal efecto, lo comunicarán al órgano competente para la tramitación del mismo de forma que este pueda tener constancia de dicha decisión. La voluntad de relacionarse electrónicamente o, en su caso, de dejar de hacerlo cuando ya se había optado anteriormente por ello, podrá realizarse en una fase posterior del procedimiento, si bien deberá comunicarse a dicho órgano de forma que quede constancia de la misma. En ambos casos, los efectos de la comunicación se producirán a partir del quinto día hábil siguiente a aquel en que el órgano competente para tramitar el procedimiento haya tenido constancia de la misma.

De acuerdo con lo previsto en el apartado 3 del artículo 14 de la Ley 39/2015, de 1 de octubre, la obligatoriedad de relacionarse electrónicamente podrá establecerse reglamentariamente por las Administraciones públicas para determinados procedimientos y para ciertos colectivos de personas físicas que, por razón de su capacidad económica, técnica, dedicación profesional u otros motivos, quede acreditado que tienen acceso y disponibilidad de los medios electrónicos necesarios.

A tal efecto, en el ámbito estatal la mencionada obligatoriedad de relacionarse por medios electrónicos con sus órganos, organismos y entidades de derecho público podrá ser establecida por real decreto acordado en Consejo de Ministros o por orden de la persona titular del departamento competente respecto de los procedimientos de que se trate que afecten al ámbito competencial de uno o varios ministerios cuya regulación no requiera de norma con rango de real decreto. Asimismo, se publicará en el Punto de Acceso General electrónico (PAGe) de la Administración General del Estado y en la sede electrónica o sede asociada que corresponda.

Canales de asistencia para el acceso a los servicios electrónicos

Las Administraciones públicas prestarán la asistencia necesaria para facilitar el acceso de las personas interesadas a los servicios electrónicos proporcionados en su ámbito competencial a través de alguno o algunos de los siguientes canales:

- Presencial, a través de las oficinas de asistencia que se determinen.

- Portales de internet y sedes electrónicas.

- Redes sociales.

- Telefónico.

- Correo electrónico.

- Cualquier otro canal que pueda establecerse de acuerdo con lo previsto en el artículo 12 de la Ley 39/2015, de 1 de octubre.

Portales de internet de las Administraciones públicas

De acuerdo con lo previsto en el artículo 39 de la Ley 40/2015, de 1 de octubre, se entiende por portal de internet el punto de acceso electrónico cuya titularidad corresponda a una Administración pública, organismo público o entidad de derecho público que permite el acceso a través de internet a la información y, en su caso, a la sede electrónica o sede electrónica asociada correspondiente.

Cada Administración podrá determinar los contenidos y canales mínimos de atención a las personas interesadas y de difusión y prestación de servicios que deban tener sus portales, así como criterios obligatorios de imagen institucional. En cualquier caso, deberán tenerse en cuenta los contenidos, formatos y funcionalidades que en la normativa de reutilización, accesibilidad y transparencia se establezcan como obligatorios para los sitios web.

Los portales de internet dispondrán de sistemas que permitan el establecimiento de medidas de seguridad de acuerdo con lo establecido en el Real Decreto 311/2022, de 3 de mayo, por el que se regula el Esquema Nacional de Seguridad en el ámbito de la Administración Electrónica.

Creación y supresión de portales de internet en el ámbito estatal

En el ámbito estatal, la creación o supresión de portales se llevará a cabo por orden de la persona titular del ministerio correspondiente o por resolución de la persona titular del órgano superior, en el caso de la Administración General del Estado, y por resolución de la persona titular de la presidencia o de la dirección en el caso de sus organismos públicos y entidades de derecho público vinculados o dependientes.

El acto o resolución de creación de un nuevo portal previsto en el apartado anterior contendrá, al menos, la identificación de su dirección electrónica, que deberá incluir el nombre de dominio de segundo nivel «.gob.es», su ámbito funcional y, en su caso, orgánico, y la finalidad para la que se crea. Para facilitar su identificación, seguirán las disposiciones generales que se establezcan para la imagen institucional de la Administración General del Estado.

En el ámbito estatal los portales de internet a los que se refiere este epígrafe deberán estar referenciados en el PAGe de la Administración General del Estado.

Punto de Acceso General electrónico

Las Administraciones públicas contarán con un Punto de Acceso General electrónico (PAGe).

El PAGe de cada Administración pública facilitará el acceso a los servicios, trámites e información de los órganos, organismos públicos y entidades vinculados o dependientes de la Administración pública correspondiente.

El PAGe dispondrá de una sede electrónica, a través de la cual se podrá acceder a todas las sedes electrónicas y sedes asociadas de la Administración pública correspondiente.

Además, esta sede podrá incluir un área personalizada a través de la cual cada interesado, mediante procedimientos seguros que garanticen la integridad y confidencialidad de sus datos personales, podrá acceder a su información, al seguimiento de los trámites administrativos que le afecten y a las notificaciones y comunicaciones en el ámbito de la Administración pública competente.

El PAGe de la Administración General del Estado y su sede electrónica serán gestionados por el Ministerio de Política Territorial y Memoria Democrática en colaboración con la Secretaría General de Administración Digital del Ministerio de Economía, Comercio y Empresa.

En dicha sede electrónica está alojada la Dirección Electrónica Habilitada única a la que se refiere el artículo 43 de la Ley 39/2015, de 1 de octubre.

El PAGe de la Administración General del Estado, a través de su sede, permitirá la comprobación de la autenticidad e integridad de los documentos facilitados por el sector público estatal a través del Código Seguro de Verificación o de cualquier otro sistema de firma o sello basado en certificado electrónico cualificado que se haya utilizado en su generación. También permitirá, en su caso, su recuperación.

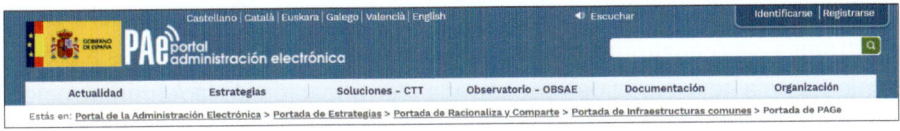

El PAGe de la Administración General del Estado podrá interoperar con portales web oficiales de la Unión Europea.

Carpeta Ciudadana del sector público estatal

La Carpeta Ciudadana es el área personalizada de las personas interesadas en su relación con el sector público estatal. Además del interesado, podrán acceder a la Carpeta Ciudadana:

- Sus representantes legales.

- Quien ostente un poder general previsto en el artículo 6.4.a) de la Ley 39/2015, de 1 de octubre, otorgado por el interesado e inscrito en el Registro Electrónico de Apoderamientos.

La Carpeta Ciudadana será accesible a través de la sede electrónica del PAGe de la Administración General del Estado y podrá ofrecer, entre otras, las funcionalidades siguientes para el interesado o sus representantes:

- Permitir el seguimiento del estado de tramitación de los procedimientos en que sea interesado, de acuerdo con lo previsto en el artículo 53.1.a) de la Ley 39/ 2015, de 1 de octubre.

- Permitir el acceso a sus comunicaciones y notificaciones.

- Conocer qué datos suyos obran en poder del sector público estatal, sin perjuicio de las limitaciones que establezca la normativa vigente.

- Facilitar la obtención de certificaciones administrativas exigidas por la normativa correspondiente.

El interesado accederá a la Carpeta Ciudadana mediante los sistemas de identificación a los que se refiere el artículo 9.2 de la Ley 39/2015, de 1 de octubre.

El interesado deberá asegurar el buen uso de los sistemas de identificación y velar por que el acceso a su Carpeta Ciudadana solo se haga por sí mismo o por un tercero autorizado.

Sedes electrónicas de las Administraciones públicas

De acuerdo con lo previsto en el artículo 38 de la Ley 40/2015, de 1 de octubre, una sede electrónica es aquella dirección electrónica disponible para la ciudadanía por medio de redes de telecomunicaciones. Mediante dicha sede electrónica, se realizarán todas las actuaciones y trámites referidos a procedimientos o a servicios que requieran la identificación de la Administración pública y, en su caso, la identificación o firma electrónica de las personas interesadas.

La titularidad de la sede electrónica corresponde a una Administración pública, o bien a uno o varios organismos públicos o entidades de derecho público en el ámbito de sus competencias.

Centrando la atención en la Administración estatal, cabe señalar las siguientes oficinas virtuales en las que el emprendedor puede obtener tanto información como la posibilidad de realizar los trámites precisos son los siguientes:

- EUGO:

  El portal EUGO va dirigido a todos los empresarios y emprendedores nacionales y de los Estados miembros de la Unión Europea que necesiten autorizaciones, inscripciones en registros, licencias y todos aquellos requisitos administrativos o profesionales para realizar una actividad económica remunerada o crear una empresa en España. EUGO recoge todos esos requisitos y permite su tramitación *online*.

  El portal eugo.es proporciona el enlace a la Red EUGO de Ventanillas Únicas en la UE.

  También los consumidores y destinatarios de los productos y servicios generados por las diferentes actividades económicas pueden encontrar en el portal información relacionada con temas de consumo.

  Para conocer los trámites precisos, debe acudirse a su web: eugo.es

- CIRCE:

  El Centro de Información y Red de Creación de Empresas (CIRCE) es un sistema de información que permite realizar, de forma telemática, los trámites de constitución y puesta en marcha de determinadas sociedades mercantiles en España.

  Los tipos de sociedades que se pueden crear a través de CIRCE son:

  — Empresario individual (autónomo).

  — Sociedad de responsabilidad limitada (SRL o SL).

  — Sociedad limitada de formación sucesiva (SLFS) (SUSPENDIDO, Ley 18/2022).

  — Sociedad limitada nueva empresa (SLNE) (SUSPENDIDO, Ley 18/2022).

  — Comunidad de bienes.

  — Sociedad civil.

  El sistema CIRCE le facilita la creación de su empresa a través de acuerdos y comunicaciones con todos los organismos y administraciones que intervienen en el proceso de constitución de empresas.

  El emprendedor solo deberá cumplimentar el documento único electrónico (DUE) que engloba multitud de formularios y CIRCE, de forma automática, realizará todos los trámites necesarios para constituir la empresa, comunicándose con todos los organismos implicados (Agencia Tributaria, Seguridad Social, Registro Mercantil, notaría, etc.).

Para la cumplimentación del DUE, el emprendedor tiene dos alternativas.

— Acudir a un Punto de Atención al Emprendedor (PAE), donde se le asesorará en todo lo relacionado con la definición de su proyecto empresarial y se le permitirá iniciar los trámites de constitución de la empresa.

— Iniciar los trámites rellenando el DUE a través del portal CIRCE. Para ello es necesario disponer de un certificado electrónico.

Ventajas de la utilización de CIRCE:

— Agiliza el proceso de creación de una empresa.

— Reduce el número de desplazamientos a los distintos organismos.

— Facilita la comunicación entre los diferentes organismos competentes acelerando de esta manera el proceso.

- PAE:

Los Puntos de Atención al Emprendedor (PAE) se encargan de facilitar la creación de nuevas empresas, el inicio efectivo de su actividad y su desarrollo, a través de la prestación de servicios de información, tramitación de documentación, asesoramiento, formación y apoyo a la financiación empresarial.

Los PAE pueden depender de entidades públicas o privadas, colegios profesionales, organizaciones empresariales o cámaras de comercio.

Estos centros deben firmar un convenio con el Ministerio de Industria y Turismo para poder actuar como tales. La Dirección General de Industria y de la Pequeña y Mediana Empresa dispone de un buscador para localizar el PAE que más le convenga al emprendedor.

Los PAE se apoyan en el CIRCE para crear empresas, y en concreto en uno de los componentes que lo forman: el Sistema de Tramitación Telemática (STT). En este sentido, cuando un emprendedor opta por iniciar los trámites de creación de una empresa desde un PAE, implícitamente está utilizando el sistema CIRCE.

El PAE tiene una doble misión:

— Prestar servicios de información y asesoramiento a los emprendedores en la definición de sus iniciativas empresariales y durante los primeros años de actividad de la empresa.

— Iniciar el trámite administrativo de constitución de la empresa a través del documento único electrónico (DUE).

Servicios que presta un PAE:

— Información sobre las características, marco legal, aspectos mercantiles más importantes, ventajas fiscales, aspectos contables, sistemas de tramitación, normativa aplicable de:

- Sociedades limitadas nueva empresa (SLNE).

- Sociedades de responsabilidad limitada (SRL).

- Sociedades limitadas de formación sucesiva (SLFS).

- Sociedades civiles.

- Comunidades de bienes.

- Empresarios individuales (autónomos).

- Emprendedores de responsabilidad limitada.

Además, se ofrece información de otras formas jurídicas vigentes en el ordenamiento jurídico mercantil.

— Constitución de empresas mediante el sistema de tramitación telemática desarrollado por la Dirección General de Estrategia Industrial y de la Pequeña y Mediana Empresa, utilizando el documento único electrónico (DUE). Este servicio deberá prestarse con carácter obligatorio y gratuito.

— Información sobre las ayudas e incentivos para la creación de empresas aplicables al proyecto.

— Información sobre el régimen de Seguridad Social aplicable, criterios de adscripción, afiliación, cotización, etc.

— Información general sobre temas de interés para las empresas, tales como: financiación, fiscalidad, contratación laboral, internacionalización, investigación, desarrollo tecnológico e innovación, cooperación empresarial, etc.

— Realizar la reserva de la denominación social para la tramitación presencial de la SLNE.

Los servicios que no se refieran a la constitución de empresas mediante el sistema de tramitación telemática desarrollado por la Dirección General de Estrategia Industrial y de la Pequeña y Mediana Empresa, utilizando el documento único electrónico (DUE) podrán prestarse con carácter gratuito o lucrativo, previa información suficiente al emprendedor.

1.4. Los Registros de la Propiedad y sus funciones

El Registro de la Propiedad tiene importancia para el emprendedor, dado que en el mismo se inscriben los actos que tienen relación con la propiedad o con los derechos reales acerca de bienes inmuebles y tienen la utilidad añadida de ofrecer información válida al emprendedor en relación con la validez de las garantías hipotecarias ofrecidas por sus clientes en determinadas transacciones.

1.4.1. Tipos de registro

Los Registros de la Propiedad tendrán la circunscripción territorial, capitalidad y denominación actuales, las cuales podrán modificarse cuando el interés público lo aconseje, de acuerdo con lo establecido en las leyes y en este reglamento.

Las inscripciones o anotaciones se harán en el registro en cuya circunscripción territorial radiquen los inmuebles.

Si alguna finca radicase en territorio perteneciente a dos o más registros, será íntegramente competente aquel en cuya circunscripción se ubique la mayor parte de la finca.

Cualquier alteración de la demarcación registral deberá ir acompañada de la delimitación geográfica georreferenciada de los distritos registrales resultantes.

Cuando indebidamente una finca figurase inscrita en un ayuntamiento o sección distinto del que le correspondiere, dentro del mismo registro, el interesado podrá solicitar del registrador la traslación del asiento o asientos, acompañando a la petición el título inscrito y certificación administrativa que acredite el hecho. Si el registrador estimase justificada la traslación, la efectuará sin más trámites que comunicar la solicitud a los restantes interesados a quienes pueda afectar la traslación, si los hubiere, consignando las oportunas notas de referencia en los asientos trasladados y en los que nuevamente practique.

La traslación se efectuará copiando íntegramente los asientos y notas de la finca en el folio y bajo el nuevo número que le corresponda, clausurándose su historial antiguo y expresándose en el libro y folio el motivo de la traslación, mediante las oportunas notas marginales.

Cuando la sección o ayuntamiento en que deba inscribirse la finca perteneciera a otro registro, será necesaria, además, la conformidad de ambos registradores, y acompañará a la solicitud la certificación literal de todos los asientos y notas de la finca indebidamente inscrita, que se copiará íntegramente en el folio que corresponda, extendiéndose igualmente las diligencias prevenidas en el párrafo anterior.

En todos los casos se practicarán las operaciones que fueren pertinentes en los índices.

En cualquier supuesto de negativa o disconformidad, podrá el interesado recurrir a la Dirección General, la cual, con los informes de las personas o entidades que estime necesarios, resolverá lo procedente y dictará, en su caso, las reglas precisas para que la traslación se practique.

Debe tenerse presente la posibilidad de desarrollar tramitaciones en el Registro de la Propiedad a través de sistemas telemáticos www.registradores.org/, lo que facilita la gestión de los emprendedores, en desarrollo de la Ley 24/2005, de 18 de noviembre, de reformas para el impulso a la productividad.

El principio de publicidad, aplicable al Registro de la Propiedad, cuenta con dos aspectos diferentes: procesal: de acuerdo con el mismo, quien sea titular del derecho registrado puede defenderlo ante los Tribunales de Justicia amparándose en la certificación registral en que se haga constar la vigencia del asiento registral del que se trate. Correspondiendo a quien discuta la validez de dicho asiento probar la nulidad o incorrección de este.

- Sustantivo:
  - Positivo:
    - Legitimación: existe una presunción *iuris tantum* de que aquello que aparece inscrito en el Registro de la Propiedad es correcto.
    - Fe pública registral: se produce una presunción *iuris et de iure* de la precisión de lo inscrito en el Registro de la Propiedad, de modo que, si un titular tiene inscrito un derecho, lo transmite de forma onerosa y es adquirido de buena fe por quien no conoce posibles irregularidades y procede a la inscripción de este en el registro, disfrutará de la protección ofrecida por el sistema registral.
  - Negativo: lo que no aparece inscrito en el Registro de la Propiedad no afecta a las relaciones jurídicas basadas en lo recogido en el mismo.

1.4.2. Documentación

Se entenderá por título, para los efectos de la inscripción, el documento o documentos públicos en que funde inmediatamente su derecho la persona a cuyo favor haya de practicarse aquella y que hagan fe, en cuanto al contenido que sea objeto de la inscripción, por sí solos o con otros complementarios, o mediante formalidades cuyo cumplimiento se acredite.

Se considerarán documentos auténticos para los efectos de la ley los que, sirviendo de títulos al dominio o derecho real o al asiento practicable, estén expedidos por el Gobierno o por autoridad o funcionario competente para darlos y deban hacer fe por sí solos.

Los documentos otorgados en territorio extranjero podrán ser inscritos si reúnen los requisitos exigidos por las normas de derecho internacional privado, siempre que contengan la legalización y demás requisitos necesarios para su autenticidad en España.

La observancia de las formas y solemnidades extranjeras y la aptitud y capacidad legal necesarias para el acto podrán acreditarse, entre otros medios, mediante aseveración o informe de un notario o cónsul español o de diplomático, cónsul o funcionario competente del país de la legislación que sea aplicable. Por los mismos medios podrá acreditarse la capacidad civil de los extranjeros que otorguen en territorio español documentos inscribibles.

El registrador podrá, bajo su responsabilidad, prescindir de dichos medios si conociere suficientemente la legislación extranjera de que se trate, haciéndolo así constar en el asiento correspondiente. Las resoluciones judiciales o laudos arbitrales dados en el extranjero serán inscribibles cuando hayan sido reconocidos por tribunal o autoridad competente, con arreglo a las leyes y convenios internacionales.

Serán inscribibles los bienes inmuebles y los derechos reales sobre los mismos, sin distinción de la persona física o jurídica a que pertenezcan y, por tanto, los de las Administraciones públicas y los de las entidades civiles o eclesiásticas.

Los bienes inmuebles de dominio público también podrán ser objeto de inscripción, conforme a su legislación especial.

No solo deberán inscribirse los títulos en que se declare, constituya, reconozca, transmita, modifique o extinga el dominio o los derechos reales que en dichos párrafos se mencionan, sino cualesquiera otros relativos a derechos de la misma naturaleza, así como cualquier acto o contrato de trascendencia real que, sin tener nombre propio en derecho, modifique, desde luego o en lo futuro, algunas de las facultades del dominio sobre bienes inmuebles o inherentes a derechos reales.

Los actos y contratos que con diferentes nombres se conocen en las provincias en que rigen fueros especiales, y producen, respecto a los bienes inmuebles o derechos reales, cualquiera de los efectos indicados en el artículo anterior, estarán también sujetos a inscripción.

Para inscribir dichos actos y contratos se presentarán en el registro los documentos necesarios, según las disposiciones forales, y, en su caso, los que acrediten haberse empleado los medios que establece la legislación supletoria.

No son inscribibles la obligación de constituir, transmitir, modificar o extinguir el dominio o un derecho real sobre cualquier inmueble, o la de celebrar en lo futuro cualquiera de los contratos comprendidos en los artículos anteriores, ni en general cualesquiera otras obligaciones o derechos personales, sin perjuicio de que en cada uno de estos casos se inscriba la garantía real constituida para asegurar su cumplimiento o se tome anotación cuando proceda.

Las resoluciones judiciales que deben inscribirse no son solo las que expresamente declaren la incapacidad de alguna persona para administrar sus bienes o modifiquen con igual expresión su capacidad civil en cuanto a la libre disposición de su caudal, sino también todas aquellas que produzcan legalmente una u otra incapacidad, aunque no la declaren de un modo terminante.

No serán inscribibles los bienes inmuebles y derechos reales a favor de entidades sin personalidad jurídica.

Serán igualmente inscribibles:

- Las copias notariales de las actas judiciales protocolizadas de deslinde y amojonamiento de fincas cuando hayan sido citados en el expediente los propietarios colindantes.

- Los deslindes administrativos debidamente aprobados.

Será inscribible el contrato de opción de compra o el pacto o estipulación expresa que lo determine en algún otro contrato inscribible, siempre que además de las circunstancias necesarias para la inscripción reúna las siguientes:

- Convenio expreso de las partes para que se inscriba.

- Precio estipulado para la adquisición de la finca y, en su caso, el que se hubiere convenido para conceder la opción.

- Plazo para el ejercicio de la opción, que no podrá exceder de cuatro años.

Los inquilinos y arrendatarios que tengan derecho de retorno al piso o local arrendado, ya sea por disposición legal o por convenio con el arrendador, podrán hacerlo constar en el Registro de la Propiedad mediante nota al margen de la inscripción de dominio de la finca que se reedifique. Sin esta constancia no perjudicará a terceros adquirentes el expresado derecho. Para extender la nota bastará solicitud del interesado, acompañada del contrato de inquilinato o arriendo y el título contractual, judicial o administrativo del que resulte el derecho de retorno. Transcurridos cinco años desde su fecha, las expresadas notas se cancelarán por caducidad.

1.4.3. Tramitación

En el local de cada Registro de la Propiedad estarán constantemente expuestos al público uno o varios cuadros en que, con la debida claridad, se dé a conocer:

- La fecha en que se haya establecido el registro.

- Los nombres de los ayuntamientos comprendidos en la demarcación del registro y de las poblaciones que constituyan cada uno de aquellos, expresando, si alguna hubiere cambiado de nombre o fuere conocida con más de uno, todos los que tuviere o haya tenido desde el establecimiento del registro.

- Indicación del registro al que hayan pertenecido las poblaciones comprendidas anteriormente en la demarcación de otro, expresándose la fecha en que se hubiere verificado su agregación al registro al que últimamente correspondan.

- Los nombres de las poblaciones que, habiendo pertenecido al registro, se hayan segregado de él, con expresión de la fecha y del registro al cual hayan pasado.

- Cuando el territorio de un registro se hubiere dividido entre varios, o cuando se hubiere acordado la división de un término municipal en dos o más secciones, se incluirá en el cuadro la parte correspondiente de la orden en que se hubieran fijado los límites respectivos.

Publicidad formal:

- Los registradores pondrán de manifiesto en la parte necesaria el contenido de los libros del registro, en cuanto al estado de los bienes inmuebles o derechos reales inscritos, a las personas que, a su juicio, tengan interés en consultarlos, sin sacar los libros de la oficina y con las precauciones convenientes para asegurar su conservación.

- Se prohíbe el acceso directo, por cualquier medio, a los libros, ficheros o al núcleo central de la base de datos del archivo del registrador, que responderá de su custodia, integridad y conservación, así como de su incorporación a una base de datos para su comercialización o reventa. Todo ello sin perjuicio de la plena libertad del interesado de consultar y comunicarse con el registrador por cualquier medio, sea físico o telemático, siempre que se evite, mediante la ruptura del nexo de comunicación, la manipulación o televaciado del contenido del archivo.

- Quien desee obtener información de los asientos deberá acreditar ante el registrador que tiene interés legítimo en ello. Cuando el que solicite la información no sea directamente interesado, sino encargado para ello, deberá acreditar a satisfacción del registrador el encargo recibido y la identificación de la persona o entidad en cuyo nombre actúa. Se presumen acreditadas las personas o entidades que desempeñen una actividad profesional o empresarial relacionada con el tráfico jurídico de bienes inmuebles tales como entidades financieras, abogados, procuradores, graduados sociales, auditores de cuentas, gestores administrativos, agentes de la propiedad inmobiliaria y demás profesionales que desempeñen actividades similares, así como las entidades y organismos públicos y los detectives, siempre que expresen la causa de la consulta y esta sea acorde con la finalidad del registro.

- La manifestación, que debe realizar el registrador, del contenido de los asientos registrales tendrá lugar por nota simple informativa o por certificación, mediante el tratamiento profesional de los mismos, de modo que haga efectiva su publicidad directa al interesado, asegurando, al mismo tiempo, la imposibilidad de su manipulación o televaciado. En cada tipo de manifestación se hará constar su valor jurídico. La información continuada no alterará la naturaleza de la forma de manifestación elegida, según su respectivo valor jurídico.

- La nota simple, informativa consistirá tan solo en un extracto sucinto del contenido de los asientos vigentes relativos a la finca objeto de manifestación, donde conste la identificación de la misma, la identidad del titular o titulares de derechos inscritos sobre la misma y la extensión, naturaleza y limitaciones de estos. Asimismo, se harán constar las prohibiciones o restricciones que afecten a los titulares o a los derechos inscritos. Dicha nota tienen valor puramente informativo y no da fe del contenido de los asientos.

Asesoramiento:

- Los registradores, en el ejercicio profesional de su función pública, deberán informar a cualquier persona que lo solicite, asesorándola, en materias relacionadas con el registro. La información versará sobre la inscripción de derechos sobre bienes inmuebles, los requisitos registrales de los actos y contratos relativos a derechos inscribibles, los recursos contra la calificación y sobre los medios registrales más adecuados para el logro de los fines lícitos que se propongan quienes la soliciten. Los interesados tendrán derecho a pedir minuta de la inscripción, antes de practicarse esta.

Certificaciones: sus clases y modo de expedirlas:

- Los registradores de la propiedad son los únicos funcionarios que tienen facultad de certificar lo que resulte de los libros del registro.

- En las solicitudes deberá expresarse si la certificación ha de ser literal o en relación y el tiempo al que haya de referirse. Si no se expresare la clase de certificación, se entenderá que ha de expedirse en relación.

- Las certificaciones de asientos de todas clases relativas a bienes determinados comprenderán todas las inscripciones vigentes de propiedad verificadas en el periodo respectivo y todas las inscripciones y notas marginales de derechos reales impuestos sobre los mismos bienes en dicho periodo que no estén canceladas.

- Las certificaciones de asientos de clase determinada comprenderán todos los de la misma, que no estuvieren cancelados, con expresión de no existir otros de igual clase.

- También podrán expedir los registradores, a petición de los interesados, certificaciones de los documentos que conserven en su archivo y respecto de los cuales puedan considerarse como sus archiveros naturales.

Información continuada y dictámenes:

- El peticionario de una certificación podrá solicitar que esta tenga el carácter de certificación con información continuada. La información continuada se referirá a los asientos de presentación que afecten a la finca de que se trate y se practiquen desde la expedición de la certificación hasta transcurridos los treinta días naturales siguientes. Hasta transcurridos los veinte primeros días del plazo anterior el solicitante no podrá pedir nueva certificación sobre la misma finca o derecho. Las solicitudes de certificación con información continuada no podrán comprender más de una finca o derecho ni tener por objeto una finca no inmatriculada.

1.4.4. Normativa aplicable

La principal normativa relativa al Registro de la Propiedad es la siguiente:

- Ley Hipotecaria, Texto Refundido según Decreto de 8 de febrero de 1946.

- Reglamento Hipotecario, aprobado por Decreto de 14 de febrero de 1947.

- Real Decreto 1867/1998, de 4 de septiembre, por el que se modifican artículos del Reglamento Hipotecario.

- Real Decreto 1427/1989, de 17 de noviembre, por el que se aprueba el Arancel de los Registradores de la Propiedad.

- Real Decreto-Ley 6/2000, de 23 de junio, de Medidas Urgentes de Intensificación de la Competencia en Mercados de Bienes y Servicios.

1.5. Los seguros de responsabilidad civil en pequeños negocios o microempresa

Como primer punto debe señalarse la existencia de dos grandes tipos de seguros en el ámbito de la empresa: los de suscripción obligatoria y los voluntarios. Los seguros de suscripción obligatoria, con carácter general, son los siguientes:

- Seguro para los trabajadores: en algunos convenios colectivos se incluye el derecho a que la empresa suscriba en su favor una póliza de seguro que les otorgue una indemnización en el caso de accidente, incapacidad permanente o muerte, fundamentalmente. El importe de la garantía suscrita está en función de lo acordado en el correspondiente convenio colectivo.

- Seguro de los vehículos propiedad de la empresa, de acuerdo a lo establecido en la legislación sobre responsabilidad civil y seguro obligatorio en la circulación de vehículos a motor.

- Seguro de responsabilidad civil: obligatorio en determinadas actividades económicas, sin embargo, aunque no resulte legalmente obligatorio, es de los más recomendables, toda vez que pueden producirse importantes responsabilidades derivadas de daños causados por la empresa en el ejercicio de sus actividades económicas, incluido el supuesto de negligencias llevadas a cabo por empresario o trabajadores.

Es fundamental, en especial en determinados sectores de la actividad económica, que las empresas cuenten con un completo seguro de responsabilidad civil.

1.5.1. Características y tipología de los contratos del seguro de responsabilidad civil

Por el seguro de responsabilidad civil el asegurador se obliga, dentro de los límites establecidos en la ley y en el contrato, a cubrir el riesgo del nacimiento a cargo del asegurado de la obligación de indemnizar a un tercero los daños y perjuicios causados por un hecho previsto en el contrato de cuyas consecuencias sea civilmente responsable el asegurado, conforme a derecho.

Serán admisibles, como límites establecidos en el contrato, aquellas cláusulas limitativas de los derechos de los asegurados ajustadas a la legislación vigente que circunscriban la cobertura de la aseguradora a los supuestos en que la reclamación del perjudicado haya tenido lugar dentro de un periodo de tiempo, no inferior a un año, desde la terminación de la última de las prórrogas del contrato o, en su defecto, de su periodo de duración. Asimismo, y con el mismo carácter de cláusulas limitativas legalmente establecidas, serán admisibles, como límites establecidos en el contrato, aquellas que circunscriban la cobertura del asegurador a los supuestos en que la reclamación del perjudicado tenga lugar durante el periodo de vigencia de la póliza siempre que, en este caso, tal cobertura se extienda a los supuestos en los que el nacimiento de la obligación de indemnizar a cargo del asegurado haya podido tener lugar con anterioridad, al menos, de un año desde el comienzo de efectos del contrato, y ello aunque dicho contrato sea prorrogado.

Salvo pacto en contrario, el asegurador asumirá la dirección jurídica frente a la reclamación del perjudicado, y serán de su cuenta los gastos de defensa que se ocasionen. El asegurado deberá prestar la colaboración necesaria en orden a la dirección jurídica asumida por el asegurador.

No obstante lo dispuesto en el párrafo anterior, cuando quien reclame esté también asegurado con el mismo asegurador o exista algún otro posible conflicto de intereses, este comunicará inmediatamente al asegurado la existencia de esas circunstancias, sin perjuicio de realizar aquellas diligencias que por su carácter urgente sean necesarias para la defensa. El asegurado podrá optar entre el mantenimiento de la dirección jurídica por el asegurador o confiar su propia defensa a otra persona. En este último caso, el asegurador quedará obligado a abonar los gastos de tal dirección jurídica hasta el límite pactado en la póliza.

El perjudicado o sus herederos tendrán acción directa contra el asegurador para exigirle el cumplimiento de la obligación de indemnizar, sin perjuicio del derecho del asegurador a repetir contra el asegurado, en el caso de que sea debido a conducta dolosa de este, el daño o perjuicio causado a tercero. La acción directa es inmune a las excepciones que puedan corresponder al asegurador contra el asegurado. El asegurador puede, no obstante, oponer la culpa exclusiva del perjudicado y las excepciones personales que tenga contra este. A los efectos del ejercicio de la acción directa, el asegurado estará obligado a manifestar al tercero perjudicado o a sus herederos la existencia del contrato de seguro y su contenido.

Por el seguro de defensa jurídica, el asegurador se obliga, dentro de los límites establecidos en la ley y en el contrato, a hacerse cargo de los gastos en que pueda incurrir el asegurado como consecuencia de su intervención en un procedimiento administrativo, judicial o arbitral, y a prestarle los servicios de asistencia jurídica judicial y extrajudicial derivados de la cobertura del seguro.

Quedan excluidos de la cobertura del seguro de defensa jurídica el pago de multas y la indemnización de cualquier gasto originado por sanciones impuestas al asegurado por las autoridades administrativas o judiciales.

El seguro de defensa jurídica deberá ser objeto de un contrato independiente.

El contrato, no obstante, podrá incluirse en capítulo aparte dentro de una póliza única, en cuyo caso habrán de especificarse el contenido de la defensa jurídica garantizada y la prima que le corresponde.

1.5.2. La valoración y cobertura del riesgo

Dos necesidades que el empresario ha de tener presentes en el momento de contratar sus seguros son tanto la precisa identificación de los riesgos que pueden ocurrir como una correcta valoración de los riesgos que pueden generarse por el ejercicio de sus actividades económicas.

El tomador del seguro (la persona que lo contrata) tiene el deber, antes de la conclusión del contrato, de declarar al asegurador, de acuerdo con el cuestionario al que este le someta, todas las circunstancias por él conocidas que puedan influir en la valoración del riesgo. Quedará exonerado de tal deber si el asegurador no le somete a cuestionario o cuando, aun sometiéndolo, se trate de circunstancias que puedan influir en la valoración del riesgo y que no estén comprendidas en él.

El asegurador podrá rescindir el contrato mediante declaración dirigida al tomador del seguro en el plazo de un mes, a contar desde el conocimiento de la reserva o inexactitud del tomador del seguro. Corresponderán al asegurador, salvo que concurra dolo o culpa grave por su parte, las primas relativas al periodo en curso en el momento que haga esta declaración.

Si el siniestro sobreviene antes de que el asegurador haga la declaración a la que se refiere el párrafo anterior, la prestación de este se reducirá proporcionalmente a la diferencia entre la prima convenida y la que se hubiese aplicado de haberse conocido la verdadera entidad del riesgo. Si medió dolo o culpa grave del tomador del seguro, quedará el asegurador liberado del pago de la prestación.

El tomador del seguro o el asegurado deberán, durante el curso del contrato, comunicar al asegurador, tan pronto como le sea posible, todas las circunstancias que agraven el riesgo y sean de tal naturaleza que, si hubieran sido conocidas por este en el momento de la perfección del contrato, no lo habría celebrado o lo habría concluido en condiciones más gravosas.

El asegurador puede, en un plazo de dos meses a contar desde el día en que la agravación le ha sido declarada, proponer una modificación del contrato. En tal caso, el tomador dispone de quince días a contar desde la recepción de esta proposición para aceptarla o rechazarla. En caso de rechazo, o de silencio por parte del tomador, el asegurador puede, transcurrido dicho plazo, rescindir el contrato previa advertencia al tomador, dándole para que conteste un nuevo plazo de quince días, transcurridos los cuales y dentro de los ocho siguientes, comunicará al tomador la rescisión definitiva.

El asegurador igualmente podrá rescindir el contrato comunicándolo por escrito al asegurado dentro de un mes, a partir del día en que tuvo conocimiento de la agravación del riesgo. En el caso de que el tomador del seguro o el asegurado no haya efectuado su declaración y sobreviniere un siniestro, el asegurador queda liberado de su prestación si el tomador o el asegurado ha actuado con mala fe. En otro caso, la prestación del asegurador se reducirá proporcionalmente a la diferencia entre la prima convenida y la que se hubiera aplicado de haberse conocido la verdadera entidad del riesgo.

Si en el momento de la producción del siniestro la suma asegurada es inferior al valor del interés, el asegurador indemnizará el daño causado en la misma proporción en la que aquella cubre el interés asegurado.

Las partes, de común acuerdo, podrán excluir en la póliza o con posterioridad a la celebración del contrato, la aplicación de la regla proporcional prevista en el párrafo anterior.

Respecto a la identificación de los riesgos, es aconsejable que el emprendedor contacte con diversas compañías aseguradoras que estén especializadas en el ramo de responsabilidad civil empresarial de forma que las mismas, tras el correspondiente análisis, determinen los riesgos presentes. En función de la actividad económica que el emprendedor desarrolle, dicha identificación de riesgos será más o menos compleja. El emprendedor debe elegir entre las diversas propuestas que reciba por parte de las compañías aseguradoras, comparando entre los precios ofertados con el criterio de obtener el precio más correcto, pero no limitando las coberturas de forma que, en caso de ocurrir el supuesto previsto, la empresa pueda mantener su actividad.

Por ello, en el momento de contratar una póliza de seguro ha de tenerse presente una serie de criterios relativos a la valoración de los riesgos:

- Valor de nuevo: la aseguradora abonará una indemnización por el valor que el bien tiene en el momento de acaecer el siniestro. El importe incluye tanto los impuestos como todas las características extra con las que el bien contase, siempre que las mismas hayan sido declaradas. Existen dos opciones, la primera es que se le entregue el importe monetario al asegurado y otra que la compañía facilite el bien al asegurado.

- Valor real: valor que tiene el bien en el momento del siniestro en el supuesto de que se fuese a vender el bien en el estado de conservación en que se encuentre.

- Valor de reposición: valor con el que cuenta el bien en el mercado en el caso de que se comprase en el momento del siniestro. La diferencia con el valor real se encuentra en que el real es inferior al de reposición, ya que el segundo incluye el margen comercial del vendedor y el primero representa lo que se pagaría por el bien al asegurado si lo fuese a vender, no el precio de venta en un establecimiento comercial.

- Valor de reparación: supuesto en el cual el asegurado, en caso de que la reparación de un bien supere el valor del mismo, percibe la primera de las cuantías.

- Valor convenido: en determinados casos se acuerda que se valore un bien por una cantidad concreta de dinero sin tener en cuenta la evolución del mercado o el estado en que se encuentre el bien objeto del seguro.

- Seguro a primer riesgo: supone que la compañía aseguradora cubre hasta el importe máximo que haya sido asegurado, sin aplicar la regla proporcional en el caso de que se produzca una situación de infraseguro.

1.5.3. Efectos de la póliza de responsabilidad civil frente a terceros

Los efectos son de dos tipos. De un lado, el más obvio es la satisfacción de los daños y perjuicios que la actividad de la empresa haya producido en el ejercicio de la actividad, lo que se encuentra dentro de la naturaleza del seguro de responsabilidad civil, pero existe otro y que es el de marketing.

Así, contar con una póliza de responsabilidad civil que aporte la adecuada cobertura de los riesgos ofrece una garantía a los potenciales clientes respecto de las consecuencias de la actuación empresarial.

De hecho, es frecuente encontrar pequeñas empresas de diversos sectores, tales como obras de construcción o consultorías, que incluyen como un argumento comercial el hecho de contar con un seguro de responsabilidad civil, incluso señalando el importe, generalmente elevado.

El marketing en este caso tiene dos facetas. En ocasiones la suscripción de un seguro de responsabilidad civil es algo obligado en función de normas legales y, en otros casos, el seguro es una decisión voluntaria por parte de la empresa. No obstante, la empresa puede usar el hecho de contar con un seguro como un elemento diferenciador, aunque en realidad fuese un elemento obligatorio y, al menos en teoría, el resto de los competidores cuenten con el mismo seguro, si bien no lo empleen en sus comunicaciones comerciales.

2. Financiación de pequeños negocios o microempresas

Contenido

En la redacción de un plan de negocio ha de prestarse una especial atención a la financiación de las necesarias inversiones y gastos que implica la puesta en marcha de una nueva empresa. La misma puede provenir de fuentes propias o de fuentes ajenas. Cada una de las dos opciones supone una serie de ventajas e inconvenientes que serán expuestos posteriormente.

2.1. Productos de financiación ajena para pequeños negocios

El emprendedor ha de tener presentes los distintos instrumentos de financiación que las entidades financieras ponen a disposición de las pequeñas empresas para poder así seleccionar los que considere más adecuados para cada una de las necesidades (bienes de equipo, inmuebles, gasto corriente, etc.). En muchas ocasiones, el microemprendedor solo conoce las figuras más habituales como son las de préstamo o crédito bancario, sin embargo, existen figuras propias del ámbito empresarial que pueden ajustarse a los requerimientos concretos de quien decide iniciar un proyecto empresarial.

La búsqueda de recursos financieros es uno de los aspectos más relevantes que un emprendedor debe tener en cuenta.

Con carácter previo, debe hacerse referencia al modo de calcular el interés real que para un empresario supone la contratación de un producto financiero, toda vez que en el mercado existen diferentes modos de calcularlo y, en ocasiones, algunas ofertas comerciales no muestran el dato con la claridad deseada, si bien la TAE debe aparecer en la publicidad de los productos financieros, de las ofertas vinculantes ofrecidas a los clientes, de los contratos que se suscriban o de la documentación relativa a la liquidación de las operaciones.

El indicador fundamental es la llamada tasa anual equivalente o TAE, que expresándolo en forma de porcentaje anual, indica el coste efectivo de un producto financiero. En el cálculo de la misma se incluye tanto el interés como los gastos y comisiones aplicables. Un tipo de interés relativamente bajo puede suponer un coste financiero alto para el emprendedor si la operación de préstamo se acompaña de comisiones bancarias elevadas.

Sin embargo, en el supuesto de que el préstamo ya haya sido contratado y se le presenten al emprendedor ofertas para sustituir ese instrumento financiero por otro comercializado por la misma o diferente entidad financiera, hay que acudir al coste efectivo remanente o CER, en el que se tiene presente la parte que queda por pagar del préstamo, y muestra el coste efectivo referido al periodo que resta para la amortización o devolución íntegra del préstamo.

Respecto a los índices de referencia empleados, los oficiales son los siguientes, de acuerdo a lo establecido en el artículo 27 de la Orden EHA/2899/2011 y en la Circular del Banco de España 5/2012:

- Referencia interbancaria a un año (euríbor): media aritmética simple de los valores diarios de los días con mercado de cada mes, del tipo de contado publicado por la Federación Bancaria Europea, para las operaciones de depósito en euros a plazo de un año calculado a partir del ofertado por una muestra de bancos para operaciones entre entidades de similar calificación.

- Tipo de rendimiento interno en el mercado secundario de la deuda pública: se determina en función de los rendimientos obtenidos en el mercado secundario en las operaciones realizadas con títulos de deuda pública cuyo vencimiento residual se sitúe entre dos y seis años.

- Tipo de los préstamos hipotecarios a más de tres años concedidos por el conjunto de las entidades de crédito: es la media simple de los tipos de interés medios ponderados por los principales de las operaciones de préstamo con garantía hipotecaria de plazo igual o superior a tres años para la adquisición de vivienda libre iniciadas o renovadas por los bancos y cajas de ahorro en el mes al que se refiere el índice. En el cálculo de la media se utilizan tipos anuales equivalentes.

- Tipo medio de los préstamos hipotecarios entre uno y cinco años, para adquisición de vivienda libre, concedidos por las entidades de crédito en la zona del euro: se determina como la media aritmética ponderada por el volumen de operaciones de los tipos de interés aplicados a las nuevas operaciones de préstamo o crédito a vivienda en las que se prevea un periodo de fijación del tipo de interés de entre uno y cinco años, realizados en euros con hogares residentes en la zona del euro.

- Permuta de intereses/*Interest Rate Swap* (IRS) al plazo de cinco años: definido como la media simple mensual de los tipos de interés diarios *Mid Spot* del tipo anual para *swap* de intereses, para operaciones denominadas en euros con vencimiento a cinco años, calculados por la ISDA (International Swaps an Derivatives Association, Inc.).

Además de los tipos oficiales, existen otros tipos empleados por parte de determinados grupos de entidades financieras que, al igual que los anteriores, han de estar claramente especificados en la documentación de los instrumentos financieros, tanto en su valor en términos TAE como en la forma en que son calculados.

2.1.1. Ventajas e inconvenientes

No existe *a priori* ninguna vía de financiación, externa o interna, que pueda considerarse más adecuada que otra, deberá atenderse a las circunstancias concretas de cada empresa y de los emprendedores que van a iniciar la actividad económica. La financiación externa tiene una serie de ventajas e inconvenientes entre los que cabe destacar los siguientes:

- Ventajas:
  - Posibilidad de efectuar inversiones que serían imposibles sin contar con recursos ajenos.
  - Acceso a mercados que no serían accesibles de otro modo.
  - Disponibilidad de fondos para responder a necesidades de pago inesperado o en momentos en los que se acumulan vencimientos.

- Inconvenientes:
  - Costes financieros: la financiación externa supone el abono de intereses, así como de comisiones que encarecen el financiamiento. Dentro de las entidades financieras debe distinguirse entre diferentes líneas, algunas de las cuales están dirigidas específicamente a los emprendedores con condiciones muy beneficiosas y, por el contrario, existen otras opciones muy onerosas que hay que intentar obviar, dado que los tipos de intereses aplicados se encuentran muy por encima de las condiciones generales del mercado.
  - Apalancamiento excesivo: el apalancamiento se define como la relación que existe entre el volumen total de las deudas de la empresa y el activo que posee dicha empresa. El apalancamiento financiero implica financiar las actuaciones de la empresa a través de endeudamiento, con lo que es

posible que se incremente el volumen de negocio y se alcance una rentabilidad superior a los costes financieros que la operación implica, pero existe el riesgo de fracaso en la actividad financiada mediante fondos ajenos puede poner en riesgo la solvencia de la empresa.

No puede afirmarse que el hecho de que el coste de la financiación ajena sea inferior a la rentabilidad media obtenida por la empresa sea indicativo de que la empresa haya de incrementar sin medida el recurso a financiación ajena, ya que dichos fondos, con independencia de la evolución de la empresa, habrán de ser devueltos a la entidad que los ha facilitado, significando en todo caso una obligación financiera para la empresa.

Por el contrario, el empleo de recursos propios, si bien implica, entre otros aspectos negativos, asumir el coste de oportunidad de no emplear dichos recursos en otras operaciones financieras, implica evitar la aparición de tales obligaciones frente a terceros.

Entre las ratios que pueden emplearse para determinar la ratio de apalancamiento cabe señalar la siguiente:

Ratio de apalancamiento = Recursos exigibles/ Pasivo total

El apalancamiento puede ser positivo o negativo:

- Positivo: se produce cuando la rentabilidad de los activos en que son invertidos por parte de la empresa los recursos financieros ajenos es más elevada que el coste financiero de mantener dicha financiación.

- Negativo: en el supuesto de que el coste financiero de los recursos financieros ajenos sea superior a la rentabilidad obtenida por la inversión a la que se dedicó la financiación solicitada.

Dentro del límite de moderación de la cuantía anteriormente señalado, solo tiene sentido optar por el apalancamiento cuando este tiene un carácter positivo.

2.1.2. Los préstamos

Se trata de un contrato mediante el cual una entidad presta a la empresa una determinada cantidad de dinero, de acuerdo a una serie de estipulaciones acordadas, correspondiendo a la empresa una serie de obligaciones entre las que se incluyen los gastos que se deriven de la gestión del préstamo, las comisiones correspondientes, la amortización del capital, el abono de los intereses y, en su caso, los intereses de demora que pudiesen corresponder, todo ello en los plazos establecidos.

El préstamo requiere de un estudio previo por parte de la entidad financiera en orden a determinar la solvencia de la empresa a la hora de devolverlo, normalmente basado en sistemas de *scoring*, en los que se valora la viabilidad de la operación de acuerdo a una serie de criterios.

Los principales criterios de clasificación de los préstamos son los siguientes:

- Plazo:

    — Corto: hasta doce meses.

    — Medio: entre doce meses y tres años.

    — Largo: superior a tres años.

- Finalidad:

    — Destinados a financiar bienes de consumo.

    — Destinados a financiar bienes incluidos en el inmovilizado de la empresa.

    — Destinados a financiar las actividades propias del ciclo productivo.

- Tipo de interés:

    — Fijo: el tipo se mantiene constante a lo largo de la vida del préstamo.

    — Variable: el tipo de interés fluctúa en función del índice de referencia que se determine en el contrato, lo que puede suponer un incremento o disminución del mismo.

- Garantías ofrecidas:

    — Personales: la solvencia del prestatario o de una tercera persona es la única garantía solicitada.

    — Reales: la garantía es un bien, pudiendo ser, a su vez, hipotecario, cuando la garantía recae sobre un bien inmueble, o pignoraticio, en el caso de que la garantía recaiga sobre un bien entregado en prenda (como puede ser un fondo de inversión o unas acciones que estén depositadas en una entidad financiera).

La instrumentación de los préstamos puede llevarse a cabo de diversas formas:

- En efectos financieros: se documentan en letras de cambio.

- En póliza mercantil, contando con la intervención de un corredor de comercio.

- En escritura pública suscrita ante notario, empleada fundamentalmente en préstamos con garantía hipotecaria.

En los contratos de préstamo deberá incluirse una serie de datos entre los que cabe destacar los siguientes:

- Tipo de interés nominal y tasa anual equivalente aplicable.

- Comisiones y gastos que se vayan a aplicar, indicando de forma expresa tanto el importe de las mismas como el momento en que serán devengadas y liquidadas, con detalle de los conceptos en base a los cuales las mismas serán aplicables.

- La periodificación con la que los intereses serán devengados, indicando la fórmula de cálculo establecida para su determinación.

- Las comisiones que pueden derivarse de la cancelación anticipada del préstamo.

- La opción que pueda tener la entidad financiera de modificar el tipo de interés del préstamo, señalando el procedimiento que se va a seguir, así como indicando de forma precisa los derechos que le corresponden ante tal situación.

2.1.3. El crédito comercial

El crédito comercial se define como una actuación crediticia vinculada a una actuación comercial. Se basa en el aplazamiento del abono del importe de la comercialización de un producto o servicio propio de la actividad comercial de la empresa. Hay dos versiones de esta figura: la que determina una fecha máxima en la que puede hacerse el correspondiente pago del precio y la denominada descuento por pronto pago, en la que se debe indicar la fecha máxima de pago en la que, de realizarse este, se obtenga un determinado descuento por pronto pago, que deberá venir determinado en el contrato comercial correspondiente.

Se trata de un sistema de financiación ampliamente utilizado en el tráfico comercial, que en numerosas ocasiones es ofrecido por empresas que cuentan con elevada liquidez o amplias líneas de crédito a otras que carecen de estas.

La entidad que concede el crédito tiene un conocimiento directo de la situación económico-financiera del cliente según la cuantía y frecuencia con la que se efectúan las transacciones comerciales. La información es más directa e inmediata que la obtenida por parte de las entidades financieras, dado que la empresa proveedora conoce al cliente en su tráfico comercial. Independientemente de este conocimiento directo, si se considera oportuno, puede acudirse a empresas especializadas en determinación de la solvencia comercial.

2.1.4. El crédito bancario

Mediante esta figura, denominada póliza de crédito, una entidad financiera pone a disposición de una empresa una cierta cuantía económica, y durante un periodo de tiempo igualmente determinado podrá disponer de ella de acuerdo a sus requerimientos financieros. La empresa habrá de abonar un interés pactado por el importe que haya sido dispuesto y, de otro lado, una comisión de disponibilidad, la cual se determina en función del saldo medio no dispuesto, se abona por la parte del crédito que haya sido contratado y no utilizado. Es un instrumento adecuado y de uso generalizado por parte de las empresas para gestionar adecuadamente la tesorería de la empresa, siendo lo más interesante para la empresa que la póliza de crédito no sea contratada a un plazo muy corto de tiempo, ya que las comisiones de apertura supondrían un encarecimiento del coste financiero de la misma.

Cuadro comparativo préstamo-crédito:

	Préstamo	Crédito
Finalidad	Producto recomendable para financiar la adquisición de activos no corrientes de la empresa	Producto recomendable para financiar necesidades de activos corrientes (capital circulante) de la empresa
Disposición de fondos	La disposición de los fondos se realiza de una sola vez en el momento inicial de la concesión del préstamo	La entidad financiera concede un importe límite sobre el que se pueden realizar disposiciones graduales de fondos conforme a las necesidades de liquidez de la empresa
Pago de interés	Los intereses se pagan sobre la cantidad total, independientemente de si se usa o no	Los intereses se pagan en función del importe de fondos utilizado y del tiempo de uso de estos

	Préstamo	**Crédito**
Cuotas	Se conocen desde el primer momento, dependiendo del sistema de amortización utilizado (sistema francés, americano)	Las reposiciones de crédito pueden ir haciéndose en la cuantía y el momento temporal que la empresa elija. La única limitación de plazo de la devolución total es el vencimiento del contrato
Cancelación anticipada	La empresa puede devolver anticipadamente el principal, lo que implicará unos gastos financieros adicionales	Puede realizarse en cualquier momento dentro del plazo del contrato, sin gastos financieros por ello
Vencimiento	El contrato termina con el pago de la última cuota	Al término del contrato, este puede ser renovado, ampliado o cancelado

2.1.5. Operaciones de *leasing*

El *leasing* consiste en un contrato mediante el que una empresa de arrendamiento financiero cede a otra, que es el arrendatario, la utilización de un bien que ha sido adquirido por la sociedad de arrendamiento por un plazo fijado previamente y a cambio del abono de una serie de cuotas periódicas que debe abonar el arrendatario, el cual, a la finalización del contrato, puede optar, si así lo desea, por adquirir el bien mediante la ejecución de una opción de compra. La sociedad de arrendamiento financiero adquiere el bien de acuerdo a las instrucciones que ha recibido del arrendatario, de modo que, en la práctica, es este el que solicita al arrendador que adquiera un bien que el mismo empleará contando con la financiación de la empresa de arrendamiento.

El bien que se arrienda mediante el contrato de *leasing*, que puede tener tanto la naturaleza de mueble como de inmueble, ha de ser destinado a explotaciones agrícolas, pesqueras, industriales, comerciales, artesanales o de servicios profesionales del arrendador, por lo que no cabe ser empleado para actividades de tipo particular.

En el caso de un contrato de *leasing* relativo a bienes inmuebles o establecimientos industriales, el plazo mínimo de duración del contrato es de diez años, y de dos años cuando el contrato haga referencia a un bien mueble.

Cuando el contrato de *leasing* haya vencido, el arrendatario ha de optar entre tres alternativas:

- Realizar un nuevo contrato de *leasing* en relación al mismo bien.

- Ejercer la opción de compra que incluye este contrato y que hace que la propiedad del bien pase a poder del arrendatario.

- Devolver el bien a la entidad de financiación.

Se trata de una vía de financiación adecuada en términos temporales de medio o largo plazo, resultando muy adecuada para productos de uso generalizado, de forma que, en el caso de que el arrendatario no efectúe los pagos correspondientes, el arrendador podría volver a arrendar el bien objeto del *leasing* a otro cliente.

Las ventajas que ofrece el *leasing* radican en que se puede obtener una financiación de la totalidad del bien que la empresa necesita, obteniendo el mismo de forma inmediata, por lo que puede abonar las cuotas del arrendamiento financiero con los rendimientos que se obtengan de la utilización del citado bien. En las cuotas que deben abonarse en el sistema de financiación *leasing* hay una parte que corresponde a los intereses, teniendo esta parte la consideración de gasto fiscalmente deducible, del mismo modo que la parte correspondiente a recuperar el coste del bien.

Como inconveniente ha de señalarse que este contrato requiere la suscripción de un seguro con los costes que ello implica, además, generalmente, los tipos de interés que se aplican a la operación son más elevados que los correspondientes a los préstamos con garantía hipotecaria. En lo que se refiere a aspectos fiscales, debe señalarse que la amortización acelerada de un contrato de *leasing* genera un diferimiento de las cargas tributarias a ejercicios fiscales futuros, ya que se deben ajustar con carácter anual las diferencias existentes entre la amortización contable y fiscal.

2.1.6. El *renting*

Consiste en un contrato de arrendamiento de bienes muebles, generalmente, cuya naturaleza consiste en que el arrendador cede al arrendatario un bien mueble o inmueble, percibiendo del mismo el abono de una cuota abonada de forma periódica (mensual, trimestral, anual). La duración habitual de este contrato oscila entre los dos y los cinco años. El *renting* puede ser empleado tanto por particulares como por empresas, a diferencia del *leasing*. La empresa que financia el *renting* adquiere el mismo para ponerlo a disposición del arrendatario, excepto si ya cuenta con el mismo en *stock*. Habitualmente se emplea para la financiación de bienes muebles cuyo valor residual es cercano a cero.

Los artículos más frecuentemente financiados mediante el sistema de *renting* son los siguientes:

- Vehículos de transporte.

- Material de construcción, tales como grúas o excavadoras.

- Tecnologías de la información.

- Material sanitario.

De hecho, en muchas entidades financieras existen productos diferenciados para llevar a cabo la financiación de cada uno de estos tipos de elementos.

Entre las ventajas de este contrato se encuentra el contar con una serie de servicios complementarios para el arrendatario, que simplifican la gestión que la posesión del mismo supone, por ejemplo, en el caso, muy frecuente, del *renting* sobre vehículos, puede incluir tanto seguro (obligatorio o todo riesgo), mantenimiento, sustitución del mismo en el caso de que sufra avería o accidente. Fiscalmente, el importe de las cuotas tiene el carácter de gasto deducible cuando se cumple el requisito de que la aplicación del bien al desarrollo de la actividad ordinaria del bien sea íntegra. Igualmente, la empresa que emplea el *renting* como instrumento de financiación evita inmovilizar recursos en bienes que se depreciarán de forma muy rápida, además de no afectar a las ratios de endeudamiento, especialmente importante en el caso de los inmuebles, por su trascendencia económica, ya que permite renovar o ampliar los inmuebles de la empresa sin que ello implique hacer crecer los activos de la empresa ni sus niveles de endeudamiento.

Como inconvenientes cabe mencionar la necesidad de suscribir un seguro para responder a los bienes que pudiese sufrir el bien objeto del contrato, en otro sentido, puede suponer costes adicionales en el caso de que se supere un determinado número de kilómetros en el caso de los vehículos. El arrendatario debe revisar adecuadamente las cláusulas del contrato de modo que se ajusten a sus necesidades personales.

Así, una cláusula que obligue al abono de un importe relevante en el caso de que se resuelva el contrato en modo anticipado, puede suponer una situación de lesividad para la empresa si no está seguro del periodo de tiempo durante el que precisará disponer del bien. La duración de un contrato de *renting* no ha de superar la vida útil del bien, toda vez que se estaría abonando unas cuotas a cambio de un bien que no presta ya servicio efectivo a la empresa arrendataria.

2.1.7. El *factoring* (cesión de facturas)

Contrato mediante el que una empresa cede, de forma total o parcial, la gestión de su cartera de cuentas a cobrar a una sociedad de *factoring*, especializada en el cobro de dichos créditos, permitiendo de este modo anticipar el cobro efectivo de esos créditos.

En el contrato de *factoring* intervienen las siguientes figuras:

- Cedente: quien contrata los servicios de una entidad de *factoring*, cediendo sus cuentas que proceden de su actividad económica, en el caso del comercio exterior se trata del exportador.

- Deudor: quien ha de realizar el pago, en el comercio exterior es el importador.

- Factor: la entidad a quien se ceden los créditos, encargándose de realizar la gestión del cobro además de una serie de servicios complementarios, tales como la cobertura del riesgo comercial o el descuento de los títulos. Dentro del ámbito del comercio internacional se diferencian dos tipos de factores:

  — Exportador: entidad que opera en el país del exportador y que responde respecto del abono de los créditos que han sido cedidos. Es adecuado que se trate de una entidad que cuente con delegaciones o convenios de colaboración con el país del importador.

  — Importador: entidad financiera que opera en el país del importador y que colabora con el factor exportador en la tramitación de la documentación.

El esquema de funcionamiento de un procedimiento de *factoring* internacional es el siguiente:

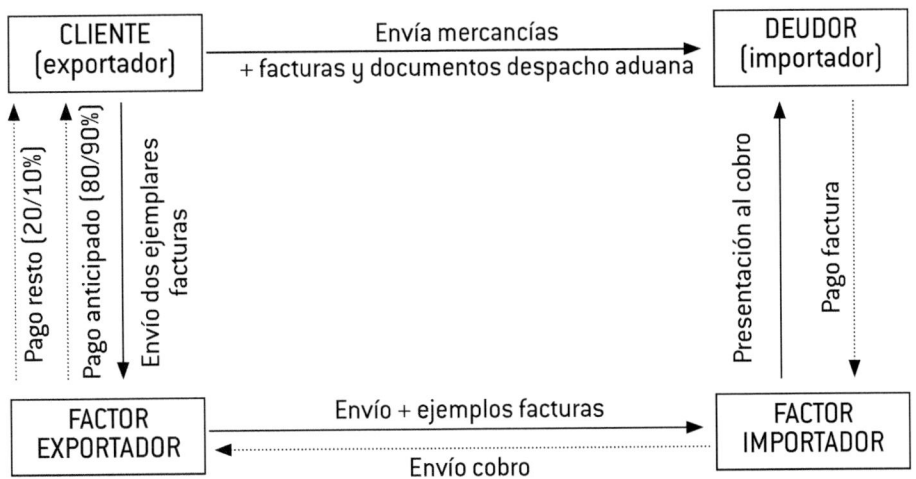

Tras haber sido realizados los trámites referidos al contrato suscrito entre el cliente y el factor exportador, este último remitirá al importador la mercancía adquirida junto con el resto de la documentación precisa, tal como las facturas y los documentos específicamente necesarios para realizar la gestión aduanera en el país de recepción de la mercancía.

El factor exportador recibirá del cliente dos copias de la factura, siendo una de ellas reenviada al factor exportador, el cual efectuará las gestiones precisas para obtener el cobro en nombre del exportador. Cabe la posibilidad de que el factor exportador lleve a cabo un descuento de los efectos comerciales (generalmente, hasta un 80 % o 90 % del importe total), en cuyo caso, en el momento en que el factor exportador reciba los fondos del factor importador, entregará al cliente exportador el resto de la cuantía de la operación.

Existen modalidades de *factoring* de acuerdo a diversos criterios:

- Existencia o no de recurso:

  — *Factoring* sin recurso: en este caso, la empresa cede el crédito a la entidad financiera, la cual asume el riesgo del posible impago de dicho crédito, previo el correspondiente estudio de la solvencia de la persona o empresa que debe satisfacer el crédito. A cambio de esta traslación del riesgo de la empresa a la entidad financiera, los costes derivados de esta operación se incrementan de forma considerable.

  — *Factoring* con recurso: en esta versión del *factoring*, el riesgo del impago del crédito permanece en la empresa que cedió el crédito a la entidad financiera. En el supuesto de que el crédito no sea abonado, será la empresa la que deberá realizar las acciones legales precisas para cobrar dicho crédito. El coste de esta figura es muy inferior al aplicable en el caso del *factoring* sin recurso.

- Financiación:

  — Convencional: el importe de la deuda se abona al exportador cuando las mercancías son embarcadas.

  — Al vencimiento: el importe de la deuda no es descontado; se limita a tratarse de un servicio administrativo y, simultáneamente, de un seguro de crédito en el supuesto de que carezca de recurso.

- Residencia de los intervinientes:

  — Nacional: cedente de la deuda y deudor residen en el mismo país.

  — Internacional: cedente de la deuda (exportador) y deudor (importador) residen en distintos países.

El *factoring* puede emplearse para cualquier tipo de producto comercializado, sin embargo, la mayor parte de los casos suele contar con las siguientes características:

- Financiación de ventas de productos fabricados industrialmente en serie, precisándose determinados requisitos adicionales en el caso de productos construidos por encargo, prestación de servicios o realización de instalaciones.

- Corto plazo, generalmente con tres meses máximo de plazo de financiación, pudiendo llegar excepcionalmente hasta los seis meses.

- Que sean bienes duraderos, tanto de consumo como de equipo, evitando los bienes perecederos, por las complejidades respecto a su conservación.

- Que se trate de relaciones comerciales entre empresas o profesionales, que se dedican profesionalmente a actividades económicas, profesionales o industriales. El *factoring* se emplea igualmente cuando se realizan transacciones económicas con entidades del sector público.

Los costes del *factoring* se derivan tanto del interés aplicado, en el supuesto de que exista descuento de la deuda, así como de una serie de comisiones en función de las características del contrato de que se trate (sector de actividad, domiciliación de las partes, existencia o no de recurso, etc.).

2.1.8. El *forfaiting* (cesión de pagarés y letras de cambio)

El *forfaiting* se define como un contrato mediante el cual un cedente (el exportador) cede un efecto comercial a una entidad financiera (el *forfaiter*). Dichos efectos mercantiles son recibidos para llevar a cabo la instrumentación del pago diferido de actuaciones comerciales de compraventa. El efecto será aceptado sin recurso y será descontado al cedente, percibiendo por ello una retribución. Esto supone una reducción importante de la carga administrativa para la empresa exportadora que contrata esta operación financiera.

La documentación en la que se basa el *forfaiting* son letras de cambio o pagarés, además de unas garantías emitidas por entidades bancarias reconocidas del país que realiza la importación, suscritas o no en el mismo efecto o en documento adjunto.

Al carecer de recurso, en el caso de que el efecto no sea finalmente abonado, el *forfaiter* asume el riesgo comercial o de tipo de cambio que pueda presentarse, debiendo el ejercer las acciones para obtener el cobro, sin que pueda reclamar su importe a quien le cedió el efecto comercial.

Si bien no es exclusivo de ese tipo de productos, suele emplearse respecto de bienes de equipo, dado que el riesgo comercial que se asume es inferior que en otro tipo de productos como es el caso de los productos perecederos.

El plazo máximo al que se suscribe este producto financiero es de cinco años con carácter habitual, si bien pueden considerarse plazos más elevados. En función del tipo de producto para el que sea empleado, el plazo será superior, siendo generalmente los bienes de equipo aquellos productos para los cuales el periodo es más extenso. El plazo actúa en un doble sentido, de un lado, si se extiende más el plazo, el riesgo que asume el *forfaiter* es superior, puesto que existen más oportunidades de verse afectado negativamente por variaciones en el tipo de cambio o relativos a la solvencia. En otro sentido, dado que un plazo más largo supone un mayor volumen de intereses a cobrar por parte del *forfaiter*, implica unos mayores ingresos financieros para este.

Una vez que la documentación se encuentra completada, el exportador la entrega al *forfaiter*, el cual aplicará la tasa de descuento y las comisiones que hayan sido previamente pactadas y , en la fecha acordada, los presentará a su cobro.

Entre las comisiones más habituales se encuentran las de compromiso (sobre el importe nominal de los efectos), la de opción (en el supuesto de que la entidad financiera efectúa una oferta firme al exportador con carácter previo al cierre de la operación) y la de penalización (en el caso de que el cedente no pone a disposición del *forfaiter* en la fecha pactada la documentación correspondiente). Mediante este sistema, el exportador cobra en el momento del embarque, realizando el pago el *forfaiter* presentando los correspondientes documentos a su cobro en el momento de su vencimiento o previamente si los negocia en el mercado secundario. El importador recibirá la mercancía en los términos establecidos en el contrato.

Cuadro comparativo *factoring/forfaiting*

	Factoring	**Forfaiting**
Finalidad	Financiación y otras	Financiación
Marco territorial	Comercio interior y exterior	Comercio exterior (principalmente)
Documentación	Ninguno en específico	Letras y pagarés
Plazo	6 meses máximo (generalmente)	5 años máximo (generalmente)
Recurso	Con y sin recurso	Sin recurso

	Factoring	*Forfaiting*
Acceso a la financiación	Flexibilidad: tras ser cedido el crédito, se dispone de financiación por el importe y tiempo deseado	Por la totalidad o parte del crédito, fijado con anterioridad
Número de operaciones	El límite se determina en el contrato	Se analiza cada supuesto de forma individual
Bienes financiables	Existencias, productos intermedios y de consumo	Habitualmente bienes de equipo
Porcentaje de financiación	80% - 90%	100%
Asunción de riesgo comercial y de cambio	No	Sí

2.1.9. Los descuentos comerciales bancarios

A través del descuento comercial, la entidad financiera permite a la empresa hacer efectivos los derechos de cobro que la misma tiene con respecto a sus clientes y que figuran en documentos, denominados generalmente efectos comerciales, que aún no han vencido. La entidad financiera abona de forma anticipada a la empresa el importe íntegro de los efectos comerciales, percibiendo a cambio unos intereses. Puede referirse a un documento puntual o bien mantener una línea de descuento, que mantiene similitud con el concepto y funcionamiento de una línea de crédito. A pesar de ello, el riesgo del impago del efecto comercial permanece en la empresa, de forma que, si no fuese satisfecho en el momento de su vencimiento, la entidad financiera cargará a la empresa el importe del efecto, junto con las demás comisiones que hayan sido generadas por el impago.

2.1.10. Los créditos oficiales

El principal programa de ayuda está constituido por las denominadas Líneas ICO, que ofrecen financiación en las que el Instituto de Crédito Oficial concede los fondos contando con la intermediación de las entidades financieras con las que el ICO colabora para la comercialización de estas líneas. Existen Líneas ICO específicas para empresas y emprendedores, así como otras específicas para determinados sectores de actividad económica.

El ICO determina el importe total de cada una de las líneas, así como las características básicas de las mismas (plazo de devolución, periodos de carencia, tipos de interés aplicables, etc.). Las entidades financieras a través de cuyas sucursales se comercializan estas líneas son en quienes recae el riesgo de impago, debiendo efectuar el proceso de *scoring* para determinar la viabilidad o no de cada operación.

Cada una de las entidades financieras que colaboran con el ICO tiene capacidad para aceptar o no las operaciones en función de su política crediticia (pudiendo establecerse garantías diferentes por parte de cada entidad), y el hecho de que una ayuda sea denegada en una entidad no impide que el solicitante pueda solicitarla en otras entidades. El cliente responde de la devolución del importe de la financiación respecto de la entidad financiera, y esta en relación con la devolución al ICO de dichos fondos, por lo que, en caso de impago, será la entidad financiera quien reclame los fondos al cliente.

Los intereses a abonar por el cliente serán los que se encuentren establecidos por el ICO en función de la línea concreta de que se trate, a lo que habrá de añadirse el margen que señale la entidad financiera, si bien este margen comercial no podrá superar una cuantía determinada por el ICO.

Los fondos serán entregados de forma íntegra al cliente en un único acto, sin que le pueda ser entregada de forma fraccionada o contra la presentación de documentos tales como certificaciones de obra.

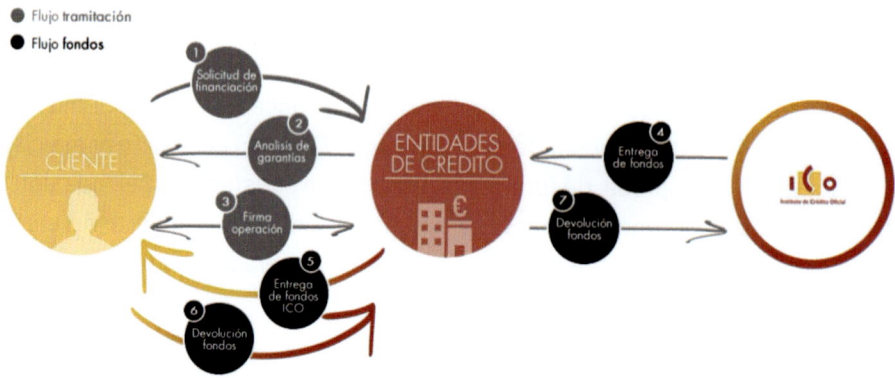

Con independencia de las Líneas ICO, las comunidades autónomas y algunas entidades locales cuentan con programas específicos, cuya finalidad fundamental es la consolidación de las iniciativas empresariales y emprendedoras que fomenten tanto la creación de las empresas como su consolidación.

2.1.11. Otros

- *Business angels*: empresarios que aportan recursos financieros propios a empresas de terceras personas con las que no tienen relaciones previas. En muchas ocasiones, aportan igualmente tiempo para colaborar en la gestión de la compañía, aportando a los emprendedores tanto su experiencia como su red de contactos profesionales, en un sistema de tipo *mentoring*. Aunque pueden participar en cualquier fase del proceso empresarial, su papel es básico en los momentos iniciales del desarrollo de la empresa. Su función, en el campo de la financiación, supone solventar las carencias que sufren muchos emprendedores, dado el riesgo crediticio y la falta de garantías que plantean muchas iniciativas empresariales para las entidades financieras tradicionales. Generalmente, aceptan rentabilidades financieras más reducidas que las solicitadas por otro tipo de entidades de financiación, ya que en muchas ocasiones se ven impulsados a la hora de decidir sus inversiones por criterios complementarios a la rentabilidad tales como la satisfacción en el ámbito personal o el apoyo de ciertos proyectos sectoriales o por áreas geográficas.

Dentro de los perfiles más habituales de *business angels*, cabe destacar tanto directivos o empresarios que desean implicarse en la evolución de la empresa con la inversión de capital y el asesoramiento en la gestión de acuerdo a su experiencia profesional, como aquellos que únicamente prestan una de las dos colaboraciones, bien la referida a la consultoría en gestión o a la aportación de capital con el único objetivo de obtener una rentabilidad por el mismo, colaborando en mucha menor medida en la gestión empresarial.

Pueden actuar de forma individual o hacerlo de manera sindicada, en cuyo caso es frecuente la existencia de un líder dentro del grupo de inversores, de acuerdo con la mayor inversión que realiza en el proyecto.

- Capital-riesgo: forma de inversión desarrollado por entidades cuyo fin social es invertir, con una perspectiva temporal de largo plazo, en empresas con elevadas expectativas de crecimiento, de pequeño y mediano tamaño y sin voluntad de contar con una posición de control de la empresa, complementando las necesidades de capitalización de esta.

Las sociedades de capital-riesgo o las sociedades gestoras de empresas de capital-riesgo o los fondos de capital-riesgo adquieren una participación en el capital social de la empresa de su interés. Generalmente, los gastos derivados de la adquisición de las acciones por parte de la entidad de capital-riesgo son asumidos por la empresa en la que la entidad entra a formar parte de su capital. Si bien se invierte en todo tipo de empresas, el tipo más frecuente es el de pequeña o mediana empresa que se encuentra en sus fases iniciales de creación que, en un sentido o en otro, resultan innovadoras. Si bien deben actuar de un modo prudente al llevar a cabo sus inversiones, asumen riesgos superiores a los que una entidad financiera está habitualmente dispuesta a aceptar. A cambio, las posibilidades de obtener una elevada rentabilidad vía dividendos y, fundamentalmente, mediante la enajenación de la inversión en el capital de la empresa será elevada.

Las distintas modalidades de entidades y fondos de capital-riesgo son las siguientes:

— Sociedades de capital-riesgo:

  - Las sociedades de capital-riesgo son sociedades anónimas cuyo objeto social principal consiste en la toma de participaciones temporales en el capital de empresas no financieras cuyos valores no coticen en el primer mercado de las Bolsas de Valores.

  - Para el desarrollo de su objeto social principal, las sociedades de capital-riesgo podrán facilitar préstamos participativos, así como otras formas de financiación, en este último caso únicamente para sociedades participadas. De igual modo, podrán realizar actividades de asesoramiento.

— Fondos de capital-riesgo:

  - Los fondos de capital-riesgo son patrimonios administrados por una sociedad gestora, que tendrán el mismo objeto principal que el definido en el apartado anterior, correspondiendo a la sociedad gestora la realización de las actividades de asesoramiento previstas en el mismo.

— Sociedades gestoras de entidades de capital-riesgo:

  - Las sociedades gestoras de entidades de capital-riesgo son sociedades anónimas cuyo objeto social principal es la administración y gestión de fondos de capital-riesgo y de activos de sociedades de capital-riesgo. Como actividad complementaria, podrán realizar tareas de asesoramiento a las empresas con las que mantengan vinculación como consecuencia del ejercicio de su actividad principal.

Las entidades de capital-riesgo reguladas en la presente ley, así como sus sociedades gestoras, han de estar domiciliadas en territorio nacional y tener en este su administración central.

Las denominaciones «Sociedad de Capital-Riesgo», «Fondo de Capital-Riesgo» y «Sociedad Gestora de Entidades de Capital-Riesgo», o sus abreviaturas «SCR», «FCR» y «SGECR» quedarán reservadas a las instituciones autorizadas al amparo de la normativa aplicable e inscritas en el registro administrativo que al efecto se cree en la Comisión Nacional del Mercado de Valores.

- *Crowdfunding*:

  El *crowdfunding* se define como un sistema de financiación empresarial fundamentado en la compartición de la financiación entre las personas o entidades que quieren ofrecer su apoyo al proyecto. La obtención de los recursos se lleva a cabo entre una multiplicidad de personas que han decidido responder al llamamiento colectivo de solicitud de recursos económicos para el desarrollo de un proyecto empresarial. La solicitud de fondos suele realizarse de forma abierta a través de mecanismos como internet, especialmente mediante las redes sociales. Debe tenerse presente que mecanismos tales como la tecnología de micropagos han ayudado en gran medida al desarrollo de este sistema. Las personas que participan llevan a cabo donaciones para mostrar su apoyo al proyecto. Se trata de un método de financiación de actividades cuyo origen se encuentra en el apoyo a proyectos de *software* de código abierto. También se ha empleado en un momento inicial de la figura para la financiación de proyectos culturales.

  Pueden distinguirse cuatro modelos de *crowdfunding*:

  — Directo: cada proyecto genera una plataforma propia para la obtención de fondos de forma exclusiva. En muchas ocasiones, lo que obtienen los donantes son reconocimientos como puede ser un producto, una mención en un lugar público como agradecimiento por la participación y apoyo.

  — Plataforma múltiple: mediante la que se pueden obtener fondos para diversos proyectos, la ventaja es que la plataforma puede tener una mayor capacidad de comunicar públicamente la existencia del correspondiente proyecto con lo que se facilita la obtención de fondos, colaborando los promotores y la plataforma en forma similar a la anteriormente indicada, de acuerdo con las negociaciones que se hayan desarrollado entre ambas partes.

— Proyectos ya operativos: cuando la necesidad de financiación lleva a solicitar fondos para actividades que ya se encuentran en funcionamiento, en ocasiones el objetivo es mantener el funcionamiento del proyecto y en otras su expansión hacia distintas áreas o mercados.

— Inversión: el objetivo fundamental no es el apoyo al proyecto desde un punto de vista ideológico o de afinidad, sino la obtención de rentabilidad económica.

2.2. Otras formas de financiación de ámbito local, autonómico y nacional para pequeños negocios o microempresas

Independientemente de los recursos financieros que los emprendedores pueden obtener de sus propios recursos o de entidades financieras privadas, existen vías de financiación provenientes de las diversas Administraciones públicas, bien en forma de subvenciones a fondo perdido, subsidios y ayudas como de financiación bonificada. El emprendedor debe conocer estas figuras y la tramitación que requiere cada una para poder acceder a ellas.

2.2.1. Los subsidios para empresas

Las personas que se encuentran percibiendo prestaciones por desempleo contributivo y desean crear una empresa tienen la posibilidad de percibir en la modalidad de pago único dicha prestación de acuerdo a lo dispuesto en el art. 296.3 de la Ley General de la Seguridad Social en los siguientes términos:

«Cuando así lo establezca algún programa de fomento del empleo, la Entidad Gestora podrá abonar de una sola vez el valor actual del importe, total o parcial, de la prestación por desempleo de nivel contributivo a que tenga derecho el trabajador y que esté pendiente por percibir.

Asimismo, podrá abonar a través de pagos parciales el importe de la prestación por desempleo de nivel contributivo a que tenga derecho el trabajador para subvencionar la cotización del mismo a la Seguridad Social».

Tras cumplir con la tramitación establecida, el emprendedor percibirá su prestación en el modalidad por la cual haya optado, requiriéndose la presentación de una memoria explicativa del proyecto de actividad profesional que va a realizar.

2.2.2. Los programas de ayuda

Las diversas Administraciones públicas cuentan con una serie de ayudas a la creación y consolidación de iniciativas empresariales, unas tienen un carácter de mayor permanencia que otras, sucediéndose las convocatorias, aunque cada una con sus propias características respecto de cuantías o requisitos de concesión. Otras, por el contrario, tienen un carácter puntual y responden a necesidades concretas que se observan en la realidad económica y empresarial y que se considera preciso apoyar.

Entre las mismas, cabe destacar las siguientes:

- Generales: desarrolladas por las diversas Administraciones públicas y con las que se fomenta la creación de empresas y empleo de carácter muy amplio, como es el caso de las ayudas a emprendedores que inician su actividad y que, cumpliendo unos requisitos, básicamente de permanencia en la misma, tienen derecho a percibir una ayuda básica, pudiendo elevarse esta en el caso de que se presenten determinadas circunstancias legalmente determinadas.

- Sectoriales: referidas a áreas determinadas de la actividad económica tales como el comercio minorista, la agricultura, el turismo rural, la artesanía, la ganadería de montaña, entre muchas otras opciones.

- Economía social: integrada por las cooperativas, las mutualidades, las fundaciones y las asociaciones que lleven a cabo actividad económica, las sociedades laborales, las empresas de inserción, los centros especiales de empleo, las cofradías de pescadores o las sociedades agrarias de transformación.

- Mejora de la gestión empresarial: modernización informática, implantación de sistemas de gestión de la calidad, investigación y desarrollo, innovación en general, fomento de la exportación, realización de diagnósticos de situación y elaboración e implementación de planes estratégicos, adquisición de patentes o licencias, certificación de sistemas de gestión medioambiental o mejoras en la gestión logística, por ejemplo.

- Incentivos regionales: mediante los que se persigue fomentar el desarrollo de áreas geográficas con especiales dificultades para el crecimiento económico (zonas en reconversión industrial, áreas con poca densidad de población, zonas afectadas por siniestros de diversos tipos, etc.).

- Ayudas a la contratación de colectivos con mayores dificultades para su inserción laboral (discapacitados, desempleados de larga duración, personas situadas en determinados rangos de edad, mujeres en situación de reciente maternidad, etc.).

2.2.3. Subvenciones

- Definición: se entiende por subvención toda disposición dineraria realizada por las Administraciones públicas a favor de personas públicas o privadas, y que cumpla los siguientes requisitos:

  — Que la entrega se realice sin contraprestación directa de los beneficiarios.

  — Que la entrega esté sujeta al cumplimiento de un determinado objetivo, la ejecución de un proyecto, la realización de una actividad, la adopción de un comportamiento singular, ya realizados o por desarrollar, o la concurrencia de una situación, debiendo el beneficiario cumplir las obligaciones materiales y formales que se hubieran establecido.

  — Que el proyecto, la acción, conducta o situación financiada tenga por objeto el fomento de una actividad de utilidad pública o interés social o de promoción de una finalidad pública.

- Principios generales:

  — Los órganos de las Administraciones públicas o cualesquiera entes que propongan el establecimiento de subvenciones, con carácter previo, deberán concretar en un plan estratégico de subvenciones los objetivos y efectos que se pretenden con su aplicación, el plazo necesario para su consecución, los costes previsibles y sus fuentes de financiación, supeditándose en todo caso al cumplimiento de los objetivos de estabilidad presupuestaria.

  — Cuando los objetivos que se pretenden conseguir afecten al mercado, su orientación debe dirigirse a corregir fallos claramente identificados y sus efectos deben ser mínimamente distorsionadores.

- Requisitos para el otorgamiento de las subvenciones:

  — Las bases reguladoras de cada tipo de subvención se publicarán en el Boletín Oficial del Estado o en el diario oficial correspondiente.

  — Adicionalmente, el otorgamiento de una subvención debe cumplir los siguientes requisitos:

    - La competencia del órgano administrativo concedente.

    - La existencia de crédito adecuado y suficiente para atender las obligaciones de contenido económico que se derivan de la concesión de la subvención.

    - La tramitación del procedimiento de concesión de acuerdo con las normas que resulten de aplicación.

- La fiscalización previa de los actos administrativos de contenido económico, en los términos previstos en las leyes.

- La aprobación del gasto por el órgano competente para ello.

- Beneficiarios:

  — Tendrá la consideración de beneficiario de subvenciones la persona que haya de realizar la actividad que fundamentó su otorgamiento o que se encuentre en la situación que legitima su concesión.

  — Cuando el beneficiario sea una persona jurídica, y siempre que así se prevea en las bases reguladoras, los miembros asociados del beneficiario que se comprometan a efectuar la totalidad o parte de las actividades que fundamentan la concesión de la subvención en nombre y por cuenta del primero tendrán igualmente la consideración de beneficiarios.

  — Cuando se prevea expresamente en las bases reguladoras, podrán acceder a la condición de beneficiario las agrupaciones de personas físicas o jurídicas, públicas o privadas, las comunidades de bienes o cualquier otro tipo de unidad económica o patrimonio separado que, aun careciendo de personalidad jurídica, puedan llevar a cabo los proyectos, actividades o comportamientos o se encuentren en la situación que motiva la concesión de la subvención.

  — Cuando se trate de agrupaciones de personas físicas o jurídicas, públicas o privadas sin personalidad, deberán hacerse constar expresamente, tanto en la solicitud como en la resolución de concesión, los compromisos de ejecución asumidos por cada miembro de la agrupación, así como el importe de subvención aplicable por cada uno de ellos, que tendrán igualmente la consideración de beneficiarios. En cualquier caso, deberá nombrarse un representante o apoderado único de la agrupación, con poderes bastantes para cumplir las obligaciones que, como beneficiario, corresponden a la agrupación. No podrá disolverse la agrupación hasta que haya transcurrido el plazo de prescripción previsto en la legislación.

- Obligaciones de los beneficiarios:

- Cumplir el objetivo, ejecutar el proyecto, realizar la actividad o adoptar el comportamiento que fundamenta la concesión de las subvenciones.

- Justificar ante el órgano concedente o la entidad colaboradora, en su caso, el cumplimiento de los requisitos y condiciones, así como la realización de la actividad y el cumplimiento de la finalidad que determinen la concesión o disfrute de la subvención.

- Someterse a las actuaciones de comprobación que tenga que efectuar el órgano concedente o la entidad colaboradora, en su caso, así como cualesquiera otras de comprobación y control financiero que puedan realizar los órganos de control competentes, tanto nacionales como comunitarios, aportando cuanta información le sea requerida en el ejercicio de las actuaciones anteriores.

- Comunicar al órgano concedente o la entidad colaboradora la obtención de otras subvenciones, ayudas, ingresos o recursos que financien las actividades subvencionadas. Esta comunicación deberá efectuarse tan pronto como se conozca y, en todo caso, con anterioridad a la justificación de la aplicación dada a los fondos percibidos.

- Acreditar con anterioridad a dictarse la propuesta de resolución de concesión que se halla al corriente en el cumplimiento de sus obligaciones tributarias y frente a la Seguridad Social, en la forma que se determine reglamentariamente, y sin perjuicio de lo establecido en la Ley 39/2015 del Procedimiento Administrativo Común de las Administraciones Públicas.

- Disponer de los libros contables, registros diligenciados y demás documentos debidamente auditados en los términos exigidos por la legislación mercantil y sectorial aplicable al beneficiario en cada caso, así como cuantos estados contables y registros específicos sean exigidos por las bases reguladoras de las subvenciones, con la finalidad de garantizar el adecuado ejercicio de las facultades de comprobación y control.

- Conservar los documentos justificativos de la aplicación de los fondos recibidos, incluidos los documentos electrónicos, en tanto puedan ser objeto de las actuaciones de comprobación y control.

- Adoptar las medidas de difusión contenidas en la legislación.

- Proceder al reintegro de los fondos percibidos en los supuestos legalmente establecidos.

2.2.4. Organismos, documentación, tramitación y plazos

El fomento de la actividad empresarial y la ayuda a los emprendedores, dentro del ámbito estatal, se organiza, fundamentalmente, a través de los Ministerios de Economía, Industria y Trabajo, dentro de los que se desarrollan programas de ayuda en los ámbitos de financiación para empresarios y emprendedores, ayudas a la contratación de trabajadores, a la apertura de empresas por parte de desempleados, a la tramitación. Cada uno de los programas de ayuda a los empresarios cuenta con un procedimiento propio que debe tenerse presente para poder acceder a los mismos, en el que se incluye la documentación precisa, los trámites concretos que deben cumplirse, así como los plazos en que dichos trámites han de ser cumplidos. Dentro del ámbito de las comunidades autónomas, serán los denominados Instituto de Fomento Regional y en los municipios las Agencias de Desarrollo Local u organismos con denominaciones similares los que se encarguen de estructurar las medidas de ayuda a los emprendedores.

La esfera jurídica de derechos de los ciudadanos frente a la actuación de las Administraciones públicas se encuentra protegida a través de una serie de instrumentos tanto de carácter reactivo, entre los que destaca el sistema de recursos administrativos o el control realizado por jueces y tribunales, como preventivo, a través del procedimiento administrativo, que es la expresión clara de que la Administración pública actúa con sometimiento pleno a la ley y al derecho, como reza el artículo 103 de la Constitución.

La Constitución recoge en su título IV, bajo la rúbrica «Del Gobierno y la Administración», los rasgos propios que diferencian al Gobierno de la Nación de la Administración, definiendo al primero como un órgano eminentemente político al que se reserva la función de gobernar, el ejercicio de la potestad reglamentaria y la dirección de la Administración y estableciendo la subordinación de esta a la dirección de aquel.

En el mencionado título constitucional, el artículo 103 establece los principios que deben regir la actuación de las Administraciones públicas, entre los que destacan el de eficacia y el de legalidad, al imponer el sometimiento pleno de la actividad administrativa a la ley y al derecho. La materialización de estos principios se produce en el procedimiento, constituido por una serie de cauces formales que han de garantizar el adecuado equilibrio entre la eficacia de la actuación administrativa y la imprescindible salvaguarda de los derechos de los ciudadanos y las empresas, que deben ejercerse en condiciones básicas de igualdad en cualquier parte del territorio, con independencia de la Administración con la que se relacionen sus titulares.

Por lo que se refiere al procedimiento administrativo, entendido como el conjunto ordenado de trámites y actuaciones formalmente realizadas, según el cauce legalmente previsto, para dictar un acto administrativo o expresar la voluntad de la Administración, con esta nueva regulación no se agotan las competencias estatales y autonómicas para establecer especialidades por razón de la materia o para concretar ciertos extremos, como el órgano competente para resolver, sino que su carácter de común resulta de su aplicación a todas las Administraciones públicas y respecto a todas sus actuaciones. Así lo ha venido reconociendo el Tribunal Constitucional en su jurisprudencia, al considerar que la regulación del procedimiento administrativo común por el Estado no obsta a que las comunidades autónomas dicten las normas de procedimiento necesarias para la aplicación de su derecho sustantivo, siempre que se respeten las reglas que, por ser competencia exclusiva del Estado, integran el concepto de Procedimiento Administrativo Común con carácter básico.

Emisión de documentos por las Administraciones públicas

Se entiende por documentos públicos administrativos los válidamente emitidos por los órganos de las Administraciones públicas. Las Administraciones públicas emitirán los documentos administrativos por escrito, a través de medios electrónicos, a menos que su naturaleza exija otra forma más adecuada de expresión y constancia.

Para ser considerados válidos, los documentos electrónicos administrativos deberán:

- Contener información de cualquier naturaleza archivada en un soporte electrónico según un formato determinado susceptible de identificación y tratamiento diferenciado.

- Disponer de los datos de identificación que permitan su individualización, sin perjuicio de su posible incorporación a un expediente electrónico.

- Incorporar una referencia temporal del momento en que han sido emitidos.

- Incorporar los metadatos mínimos exigidos.

- Incorporar las firmas electrónicas que correspondan de acuerdo con lo previsto en la normativa aplicable.

Se considerarán válidos los documentos electrónicos, que, cumpliendo estos requisitos, sean trasladados a un tercero a través de medios electrónicos.

No requerirán de firma electrónica, los documentos electrónicos emitidos por las Administraciones públicas que se publiquen con carácter meramente informativo, así como aquellos que no formen parte de un expediente administrativo. En todo caso, será necesario identificar el origen de estos documentos.

Documentos aportados por los interesados al procedimiento administrativo

Los interesados deberán aportar al procedimiento administrativo los datos y documentos exigidos por las Administraciones públicas de acuerdo con lo dispuesto en la normativa aplicable. Asimismo, los interesados podrán aportar cualquier otro documento que estimen conveniente.

Los interesados tienen derecho a no aportar documentos que ya se encuentren en poder de la Administración actuante o hayan sido elaborados por cualquier otra Administración. La Administración actuante podrá consultar o recabar dichos documentos salvo que el interesado se opusiera a ello. No cabrá oposición cuando la aportación del documento se exigiera en el marco del ejercicio de potestades sancionadoras o de inspección.

Las Administraciones públicas deberán recabar los documentos electrónicamente a través de sus redes corporativas o mediante consulta a las plataformas de intermediación de datos u otros sistemas electrónicos habilitados al efecto.

Cuando se trate de informes preceptivos ya elaborados por un órgano administrativo distinto al que tramita el procedimiento, estos deberán ser remitidos en el plazo de diez días a contar desde su solicitud. Cumplido este plazo, se informará al interesado de que puede aportar este informe o esperar a su remisión por el órgano competente.

Las Administraciones no exigirán a los interesados la presentación de documentos originales, salvo que, con carácter excepcional, la normativa reguladora aplicable establezca lo contrario.

Asimismo, las Administraciones públicas no requerirán a los interesados datos o documentos no exigidos por la normativa reguladora aplicable o que hayan sido aportados anteriormente por el interesado a cualquier Administración. A estos efectos, el interesado deberá indicar en qué momento y ante qué órgano administrativo presentó los citados documentos, debiendo las Administraciones públicas recabarlos electrónicamente a través de sus redes corporativas o de una consulta a las plataformas de intermediación de datos u otros sistemas electrónicos habilitados al efecto, salvo que conste en el procedimiento la oposición expresa del interesado o que la ley especial aplicable requiera su consentimiento expreso. Excepcionalmente, si las Administraciones públicas no pudieran recabar los citados documentos, podrán solicitar nuevamente al interesado su aportación.

Cuando con carácter excepcional la Administración solicitara al interesado la presentación de un documento original y este estuviera en formato papel, el interesado deberá obtener una copia auténtica, con carácter previo a su presentación electrónica. La copia electrónica resultante reflejará expresamente esta circunstancia.

Excepcionalmente, cuando la relevancia del documento en el procedimiento lo exija o existan dudas derivadas de la calidad de la copia, las Administraciones podrán solicitar de manera motivada el cotejo de las copias aportadas por el interesado, para lo que podrán requerir la exhibición del documento o de la información original.

Las copias que aporten los interesados al procedimiento administrativo tendrán eficacia exclusivamente en el ámbito de la actividad de las Administraciones públicas.

Los interesados se responsabilizarán de la veracidad de los documentos que presenten.

Obligatoriedad de términos y plazos

Los términos y plazos establecidos en las leyes obligan a las autoridades y personal al servicio de las Administraciones públicas competentes para la tramitación de los asuntos, así como a los interesados en los mismos.

Cómputo de plazos

Salvo que por ley o en el derecho de la Unión Europea se disponga otro cómputo, cuando los plazos se señalen por horas, se entiende que estas son hábiles. Son hábiles todas las horas del día que formen parte de un día hábil.

Los plazos expresados por horas se contarán de hora en hora y de minuto en minuto desde la hora y minuto en que tenga lugar la notificación o publicación del acto de que se trate y no podrán tener una duración superior a veinticuatro horas, en cuyo caso se expresarán en días.

Siempre que por ley o en el derecho de la Unión Europea no se exprese otro cómputo, cuando los plazos se señalen por días, se entiende que estos son hábiles, excluyéndose del cómputo los sábados, los domingos y los declarados festivos.

Cuando los plazos se hayan señalado por días naturales por declararlo así una ley o por el derecho de la Unión Europea, se hará constar esta circunstancia en las correspondientes notificaciones.

Los plazos expresados en días se contarán a partir del día siguiente a aquel en que tenga lugar la notificación o publicación del acto de que se trate, o desde el siguiente a aquel en que se produzca la estimación o la desestimación por silencio administrativo.

Si el plazo se fija en meses o años, estos se computarán a partir del día siguiente a aquel en que tenga lugar la notificación o publicación del acto de que se trate, o desde el siguiente a aquel en que se produzca la estimación o desestimación por silencio administrativo.

El plazo concluirá el mismo día en que se produjo la notificación, publicación o silencio administrativo en el mes o el año de vencimiento. Si en el mes de vencimiento no hubiera día equivalente a aquel en que comienza el cómputo, se entenderá que el plazo expira el último día del mes.

Cuando el último día del plazo sea inhábil, se entenderá prorrogado al primer día hábil siguiente.

Cuando un día fuese hábil en el municipio o comunidad autónoma en que residiese el interesado, e inhábil en la sede del órgano administrativo, o a la inversa, se considerará inhábil en todo caso.

La Administración General del Estado y las Administraciones de las comunidades autónomas, con sujeción al calendario laboral oficial, fijarán, en su respectivo ámbito, el calendario de días inhábiles a efectos de cómputos de plazos. El calendario aprobado por las comunidades autónomas comprenderá los días inhábiles de las entidades locales correspondientes a su ámbito territorial, en las que será de aplicación.

Dicho calendario deberá publicarse antes del comienzo de cada año en el diario oficial que corresponda, así como en otros medios de difusión que garanticen su conocimiento generalizado.

La declaración de un día como hábil o inhábil a efectos de cómputo de plazos no determina por sí sola el funcionamiento de los centros de trabajo de las Administraciones públicas, la organización del tiempo de trabajo o el régimen de jornada y horarios de las mismas.